車中泊で桜と日本一周

著 地球へ途中下車夫婦
根津眞澄（妻）＋オット
イラスト 赤松かおり

金木犀舎

桜を追いかけ、車中泊で日本を一周しよう！

～はじまりは、いつも突然に～

「車中泊をしながら桜前線と共に北上し、日本一周をめざす旅、というのはどうだろう？　いつか地図をみながら日本中を旅してみたい、と憧れていた……」

オットが例によって、とんでもないアイデアを食卓に投下したのは、あれはたしか

♪～去年のことでしたね～♫

いつもムボーなオットの計画にホイホイ、と簡単に乗ってしまう妻。そしてさらに盛り上げてしまう妻。あとになって後悔するオット。体力的には大丈夫なのだろうか？

実はオットと妻（地球へ途中下車夫婦）には、以前、1年間かけてバックパッカーで世界一周をした経験があります。本にして出版しようと原稿を準備していた矢先、コロナの荒波が……。世界一周の本をコロナ禍で出してもね、と泣く泣く計画は頓挫。その後、世界一周の船旅も計画したものの、いまだ実現していません。

旅好きフーフとしてはもうそろそろ、なんとかしてどこかに行きたい。1年間で世界一周したんだから、桜の咲く季節に、日本一周は、たぶん「で・き・る」と……（?）。

しかーし、かつては、「桜前線と共に北上していく」というような、のんびりとした旅のスタイルが存在した日本列島は、実は近年、地球温暖化の影響で、桜の開花時期が「早く！」「一斉に！」、しかも観桜の時期が従来よりかなり「短い！」という現実を、日本地図をのんきに眺めている2人は、このときはまだ、知りませんでした……。

理想と現実の間には、大きなギャップがある！
イオンとららぽーとにも、大きなGAPがある！
九州と四国の間には豊後水道がある……

急げ！お気ラク夫婦！
桜前線の日本上陸の日は近いぞ！

旅のルール

今回の旅のルールは以下の５つです！

①鹿児島から青森まで45県を平均１日１県ペースで、桜前線と共に北上する。

ルートと日程を考慮し、今回は沖縄と北海道を除く45県とする。

②１県につき１枚の桜の写真を撮る。あわせて１県１グルメ。

グルメの予算は１人１食１０００円程度、上限３０００円まで。
できれば観光スポットも紹介。あれば温泉にも浸かりたい。

③愛車・ダイハツムーヴキャンバス（愛称・「きゃん吉」）での移動と車中泊を基本とする。

ただし、ポータブル電源の充電と、人間の充電のため、３日に１度はビジネスホテルなどの安宿、たまには温泉宿などにも宿泊する。

④総予算は50万円。

バナナはおやつに含まない。

⑤〈補足〉運転手（運転免許所持者）が妻１人につき、オットはルート作成やナビ、給油など、運転以外の車運行関係の一切を執り行う。

以上。

著者紹介

地球へ途中下車夫婦

妻

オットと冗談を交わしながら旅をして、見たことない・やったことないを体験するのが趣味。お気ラクで好奇心旺盛。人生、思いついたことは何でもやってみよう！が信条。長所は適応力。年齢は60代だが、気持ちは30～40代あたり。オットと共に編集プロダクションを営むライター。きゃん吉の運転と、文章作成担当。

オット

いつも、ひそかに次の新しい旅のアイデアを考えている、ロベタ・理系の元エンジニア。デジタルテクノロ爺をめざす。徹底した情報収集と緻密な分析をもとに、あとは“直感と出たとこ勝負”の妻に判断を委ねるという、おおらかさもあわせ持つ。運転免許はなく、今回の旅では電子機器、ルート作成とナビ等、ディレクションを担当。

きゃん吉

愛車、ムーヴキャンバス（軽自動車）。とぼけた顔、性格はおちゃめ。よく走り、小回りがきく。車中泊ができるように内装や荷物の積み方にさまざまな工夫をこらしている。

もくじ

本書に記載されている情報は2022年12月時点のものです。店舗情報等の各データは変更になっている場合がありますのでご了承ください。

★大解剖★
車内セッティング（寝るための車内空間づくり）

後部座席のドアポケットがちょうど枕もと付近の位置になるので、メガネ、耳栓、靴下、非常用飲み物など、手もとに欲しいものを入れておくのに便利でした。

きゃん吉は後部座席が倒れない仕様なので、普段からいちばん後ろに下げた状態で固定。もっとも狭い状態になった後ろの荷室のサイズを測り、荷物の積み方を出発前に検討しました。

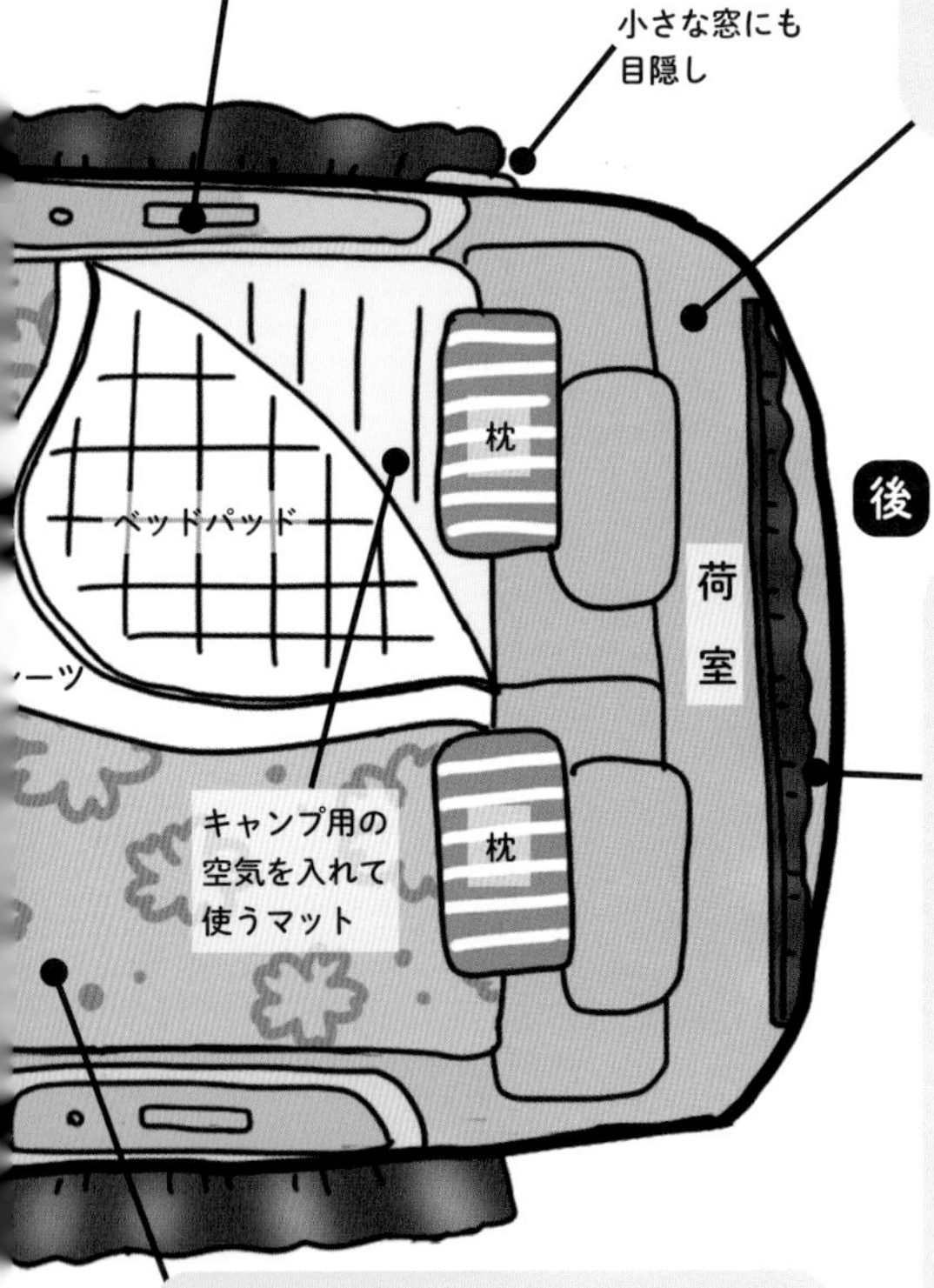

小さな窓にも目隠し

キャンプ用の空気を入れて使うマット

上着はハンガーにかけてつるす

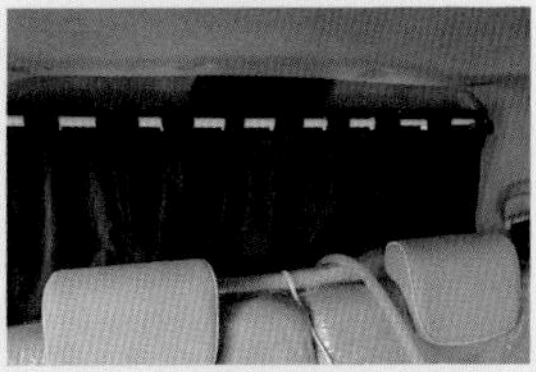

外から丸見え状態では食事中も寝るときもあまりに無防備なので、カーテンは必須。フロント、リアには伸縮棒に通したカフェカーテンをぶらさげ、前後４枚のドアにはマグネットがついたカーテンを貼り付けました。小さい窓はその形に切った目隠しを。カーテンの色は黒一択です。

後部座席の足元には、ふた付きの透明コンテナを置いて荷物を入れます。

キャンピングカーのように最初からベッドが設置されている車なら必要ありませんが、乗用車での車中泊の旅の場合、泊まる場所に着いたら車内を運転用から寝室用に整えることになります（朝になると寝室用から運転用に、また変更します）。きゃん吉の車内セッティングを一挙公開しますので、参考にしてください。それぞれの車に合わせて工夫しましょう！

シートを倒したら、くるマット（三角形の補正シート）4枚でまず傾斜を大きく補正し、そのあと、ドーナツクッション等ででこぼこを埋めます（ここまで基礎工事）。その上にキャンプ用のマットを敷いたら基本のフラット床が完成。マットはツルツルして冷たいので、ベッドパッドとシーツを敷いて快適度を高めます。

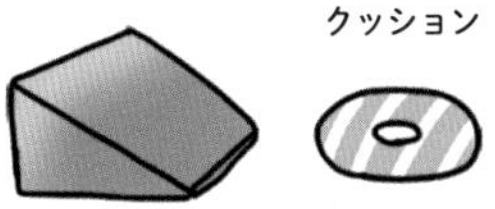

車内灯は長時間点灯せず、光量も足りないので、車内の明かりとしてLEDランプを用意しました。それとは別に、夜間トイレに行くときに使う小型の懐中電灯は各自携帯します。

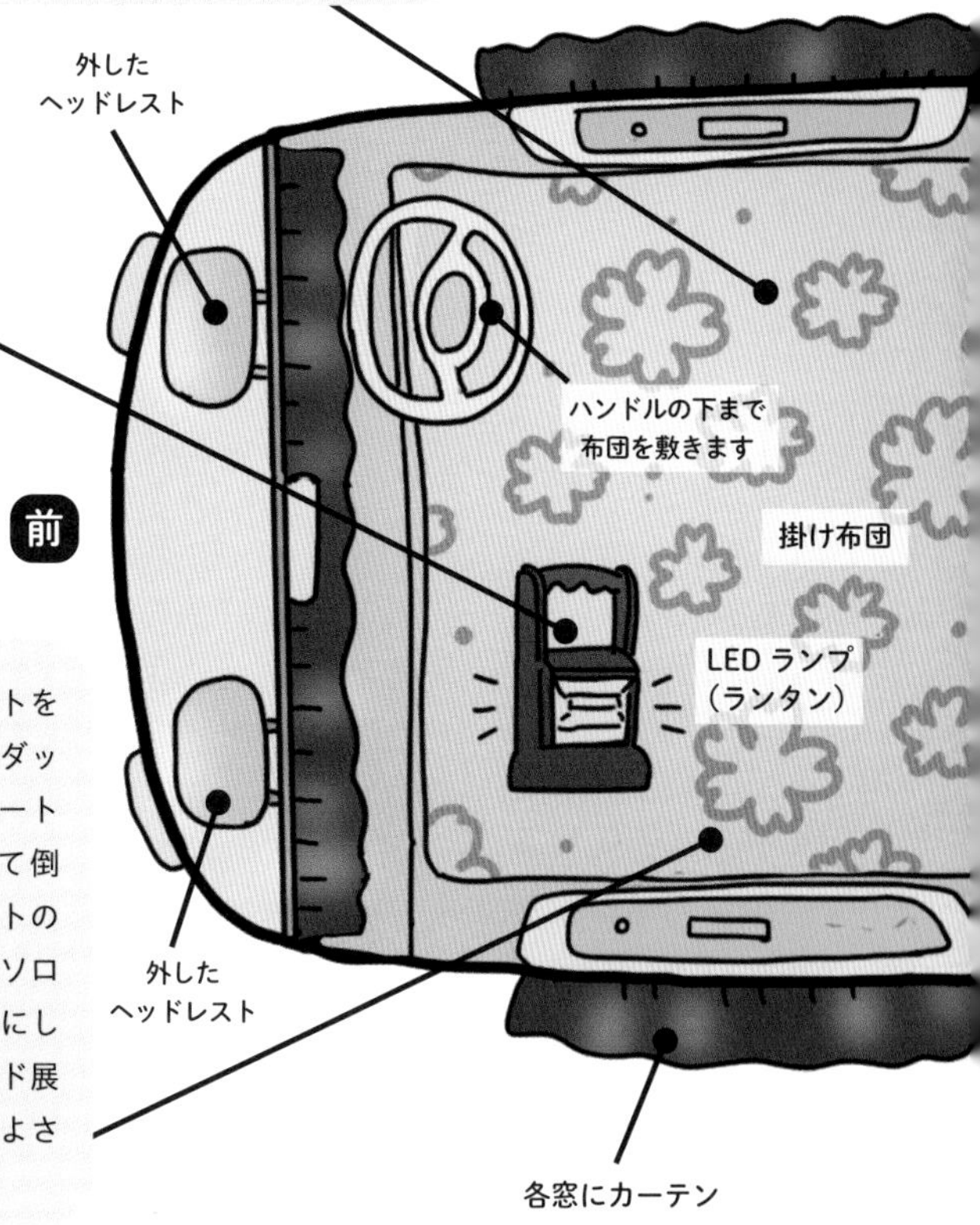

運転席・助手席はヘッドレストを外し（外したヘッドレストはダッシュボードの上に置く）、シートをいちばん前まで移動させて倒します。こうすると後部シートの座面と高さがつながります（ソロ車中泊なら運転席はそのままにして、助手席だけを倒してベッド展開するアレンジも使い勝手がよさそうです）。

＼あると安心！／

車中泊に便利なアイテム（生活編）

ふた付き透明コンテナ

後部座席の足元空間にぴったり収まるサイズのコンテナを探しまくりました。オットと妻それぞれの衣類で１箱ずつ、食料品で１箱、その他の生活用品で１箱、合計４箱のふた付き透明コンテナ（ニトリで購入）を後部座席足元に積み込み、荷物はそこに片付けていました。

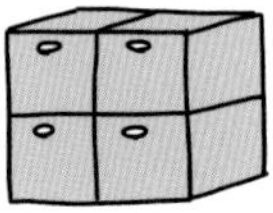

小型クーラーボックス

季節的にそんなに使いませんでしたが、あればなにかと便利。

お風呂道具入れ

オットと妻は普段からしょっちゅう温泉や銭湯に行くので、お風呂道具（せっけん、シャンプー、身体洗いタオル、バスタオル）は常備ですが、よりコンパクトに、２つを積み重ねて後部荷室に収まるサイズの IKEA のビニールバッグをお風呂道具入れとして用意。

寝間着入れ・ハンガー

寝間着は各自、布製の袋に入れて衣類ボックスに保管。車内で寝間着に着替えると、脱いだ下着小物をその袋に片付け、枕のそばに置いて寝ます。寝ている間にシャツやタイツが行方不明になるのを防ぎます（笑）。パーカーなどの上着はハンガーにかけて吊るしておきます。ハンガーは濡れたタオルを乾かすときなどにも便利です。

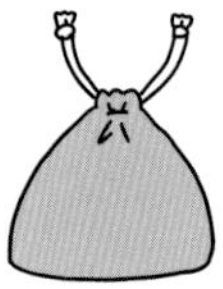

たためる小さな手提げバッグ

就寝前と朝にトイレ洗面に行くとき、タオルと歯みがき道具が入るサイズの、底にマチがあり、畳むと小さくなる手提げバッグが便利でした。スーパーなどで買った出来合いのおかずも傾かず、ビールとともに運搬するときにもお役立ちです。旅の途中の100円ショップで購入しました。

サンダルスリッパ

靴は運転席・助手席の足元に片付け、夜間はサンダルスリッパに履き替えるとリラックスでき、脱ぎ履きに便利です。ただし、寝るときはうっかり車外に脱ぎっパナシにしないよう注意。雨が降ると濡れます。風が強いと飛ばされてなくなります（笑）。

トイレットペーパーホルダー

キャンプ用のひっかけるスタイルのものが便利でした。ドア上部の手すりにハンガーと一緒にひっかけます。これは車中泊していないときも車に付けっぱなしです。

保温できるタンブラー・水筒・ウエットテッシュ

タンブラーや水筒は、ゴミを車内に増やさないためにも必須かと。飲み物を購入したらタンブラーに入れ替えて、ペットボトルや空き缶はその場で捨てさせてもらいます。

お盆

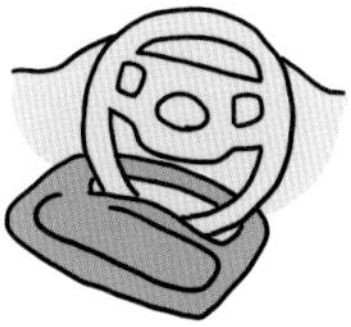

車内での食事のとき、お皿をのせるのに必須。ハンドルにひっかけるタイプも便利です。

時計と一体の温度計

目覚ましにもなり、気温の確認もできるタイプの時計（IKEA で購入)。妻は気温 15 度以下でタイツを履くめやすにしていました。

荷室の様子（積み方）

左下：ポータブル電源 Jackery
左上：オットの睡眠時無呼吸症候群治療用 CPAP 装置
ピンクのかばん：延長コードや充電ケーブルなど
青いボックス：小型クーラーボックス
青いボックスの下：おりたたみテーブルとカーテンを入れている袋
右上：湯沸かし家電
右下：旅の途中から増えたマッサージ機
(さらに右側にお風呂道具の入った袋を置いて、上部にビニール傘と伸縮棒を S カンでひっかけています)

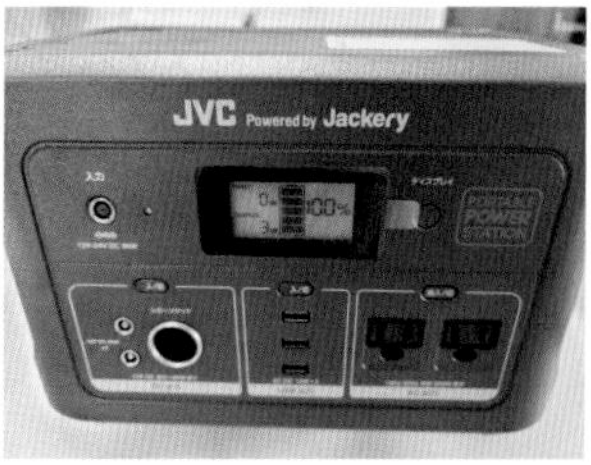

ポータブル電源 JVC Jackery

＼あると安心！／
車中泊に便利なアイテム（ガジェット編）

いまやスマホは単なる通信手段にとどまらず、宿などの予約、現地の情報入手など、旅の必須アイテムです。そして車中泊に限らず、忘れると痛い目にあうのがスマホの充電ケーブルです。

スマホの充電も含め車中泊に必要な道具の第１位としては、やはりポータブル電源を推したいと思います（ポー電は普段、災害時の備えとしても有用)。我が家が購入したのは JVC Jackery BN-RB62 626wh。通称ジャクリ。スマホ、スマートウォッチ、ノート PC（各２台)、ポケット Wi-Fi を充電して、３日に１回はジャクリそのものを充電することを前提に､容量（626w）を選びました。

我々は車中泊では基本、外食がメインで、車中メシとは名ばかり、買ってきたものをせいぜい切って並べる程度と想定し、調理は考えていなかったのですが、焼き肉・鍋がしたい場合は、容量はもっと大きいものが必要です。626wh でもコーヒーやカップラーメン用のお湯を沸かす程度のミニ家電（500 w）なら使うことができました。(なおスマホ１台だけなら、時間はかかりますが走行中にシガーソケットから充電するという方法もあります)。

もう１つはレンタルポケット Wi-Fi。旅先でも仕事をするためと、ブログアップのためにネット環境を整えることが必須でした。ポケ Wi は数社がレンタル商品を出しており､エリアに強い A 社、１日に使えるギガが多い B 社、とタイプいろいろです。いずれも最初に取扱説明書をよく読んで、使い方を熟知しておくことが重要でした（最初よくわかっていなくて、何度か失敗しました)。

レンタルポケット Wi-Fi

なお、今回は使いこなせませんでしたが、手ぶれせず動画撮影できるジンバルも、ガジェット候補に挙げたいです。

ジンバル

どこでする？車中泊

車中泊場所は、会員制で有料の RV パーク（キャンピングカー等が多い）や、キャンプ場などを除くと、一般的に「道の駅」「高速道路 SA」「駐車場（有料・無料）」の３種類に分かれると思います。

このうちもっとも利用する機会が多かったのが、全国津々浦々にあり、ご当地色豊かな「道の駅」です。多くは物産店と簡単な飲食店で構成されていますが、難点は飲食店が午後３時ごろまで、物販でも午後５時までとか、閉店時間がとにかく早いことです。それでも新しくオープンした道の駅では、飲食店が遅くまで開いていたり、トイレ棟が 24 時間点灯していたり、テーブル、椅子、自販機が設置された休憩スペースがあるなど、安心で便利なところが増えています。入浴施設を併設している道の駅もあるので利用価値大です。お互いにナンバープレートを見ながら、旅人同士の交流ができたのも、「道の駅」が多かったです。

SA は、トラックなどの長距離輸送ドライバーのために 24 時間オープンしており、遅い時間でも食事・買い物ができ、駐車場も一晩中明るいし、トイレ・洗面所も清潔で、女子的にはもっとも安心、いいことづくめですが、前提として高速に乗る必要があり、そもそも高速道路網がない地域には存在しません（泣）。

ただし、どちらも宿泊目的の場所ではなく、あくまでも安全運転のための「休憩・仮眠」の施設であることを忘れないように。アウトドア行為はもちろん、手洗い場での残飯処理や食器洗い等は禁止です。「ゴミは持ち帰る」などのマナーを守り、さらに、何かしらお礼（１品でも購入）を心がけたいものです。

また一部の駐車場や道の駅では最近、車中泊禁止のところもあるので、注意しましょう。

旅のルート（予定と実際）

＼予定していたルート／ 2022.3.21－5.6

出発前

南九州から順に北上し、東北でゴール

自宅（京都）→→大阪南港（大阪）→→フェリーさんふらわあ→→志布志港（鹿児島）
1 宮崎→ 2 鹿児島→ 3 熊本→ 4 長崎→ 5 佐賀→ 6 福岡→ 7 大分→（福岡）→ 8 山口→
9 島根→ 10 広島→ 11 愛媛→ 12 高知→ 13 徳島→ 14 香川→ 15 岡山→ 16 鳥取→
17 兵庫→ 18 京都→ 19 大阪→ 20 和歌山→ 21 奈良→ 22 三重→ 23 滋賀→ 24 福井→
25 石川→ 26 富山→ 27 岐阜→ 28 愛知→ 29 静岡→ 30 山梨→ 31 神奈川→ 32 東京→
33 埼玉→ 34 千葉→ 35 茨城→ 36 栃木→ 37 群馬→ 38 長野→ 39 新潟→ 40 福島→
41 山形→ 42 宮城→ 43 岩手→ 44 青森→ 45 秋田
秋田港→→新日本海フェリー→→敦賀港（福井）→→自宅（京都）

＼実際に行ったルート／ 2022.3.21–5.3

結果

猛スピードの桜前線に追いつくため、近畿をかけ足でまわり、
岐阜から長野にコース変更して先に東北へ。そのあと東海・関東へ

自宅（京都）→→大阪南港（大阪）→→フェリーさんふらわあ→→志布志港（鹿児島）
1 鹿児島→ 2 宮崎→ 3 熊本→ 4 長崎→ 5 佐賀→ 6 福岡→ 7 大分→（福岡）→ 8 山口→
9 島根→ 10 広島→ 11 愛媛→ 12 高知→ 13 徳島→ 14 香川→ 15 岡山→ 16 鳥取→
17 兵庫→（京都）→ 18 大阪→ 19 和歌山→（京都）→ 20 滋賀→（京都）→ 21 奈良→
22 三重→ 23 京都→ 24 福井→ 25 石川→ 26 富山→ 27 岐阜→ 28 長野→ 29 群馬→
30 栃木→ 31 福島→ 32 新潟→ 33 山形→ 34 秋田→ 35 青森→ 36 岩手→ 37 宮城→
仙台港（宮城）→→太平洋フェリー→→名古屋港（愛知）
38 愛知→ 39 静岡→ 40 山梨→ 41 神奈川→ 42 茨城→ 43 千葉→ 44 埼玉→ 45 東京
東京 IC →→東名・名神高速道路→→京都 IC →→自宅（京都）

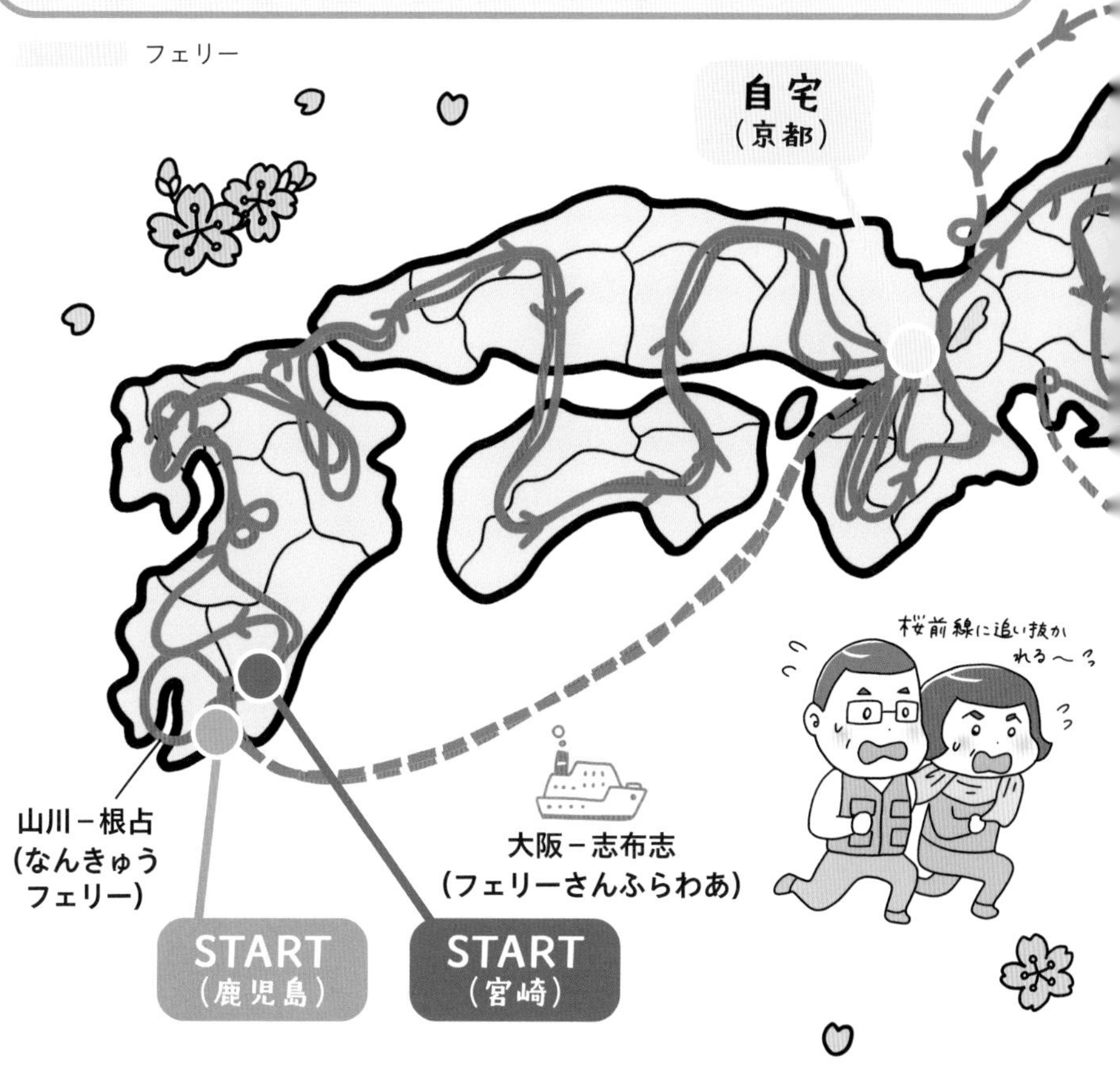

1、無理しない

運転は1時間おきに休憩をとり、移動はできるだけ1回2時間まで×2回までに。県境越え移動も4時間まで。しんどいと感じたら、車中泊を予定していた日でもあっさり宿泊に切り替えます。オットと妻は温泉とマッサージに大いに助けられました。疲れたら運転をやめ、シートを倒して短時間でも横になるなど、自分の身体が発する悲鳴に素直に従います。

2、便利な道具や高速道路・フェリーに大いに頼る

道の駅などで出会った車中泊強者トラベラーのみなさんは、節約のためにも高速は使わずに地道走りが鉄則、という意見が多かったのですが、体力がない生涯現役世代は高速もフェリーも大いに活用しましょう。そのためには情報収集が大切。ナビやアプリなど便利な道具を使いこなしたいところです。でも、期間や目標を定めずに、のんびりひたすら地道を行く車中泊旅もアリと思います！

3、常備薬を必ず服用し、普段と同じ生活を心がける

オットと妻は普段から血圧の薬を服用しています。服薬は、たとえ朝ごはんがコンビニ飯でも決して忘れないように、厳重チェックしましょう。薬は無くしたり不足がないように、余分に持っていきました。

実はオットは、夜間、睡眠時無呼吸症候群治療用の「CPAP」を使用していますが、車中泊のときもジャクリを電源に、普段通り着用して就寝。どこにいてもできるだけ日常と同じ生活をすることが重要です。

車中泊で桜と日本一周

本編

1県1サクラ　たなびくのは煙か？ 雲か？ 桜島

1県目

鹿児島
Kagoshima

桜島、黒豚と砂むし温泉で癒される

3月22日朝8時55分、フェリーは鹿児島の志布志港《しぶし》に着きました。**「車中泊で桜と日本一周」旅の1日目**の始まりです！ ムーヴキャンバス（きゃん吉）がフェリーから降りると、雨がしとしと降っていて、寒いです……そして桜、咲いていません……。

京都の自宅を出発するときに見たテレビのニュースによると、九州では結構咲いてるようなことを言っていましたが、あれは早咲きとか、特定の桜の木のことだったのでしょうか？

さて、志布志に着いたら、ぜひ来てみたかった場所がありました！

志布志市志布志町志布志の志布志市役所……こころざし多すぎです！（笑）

それにしても「志布志市」（しぶしし）って4文字の単語のなかで「し」が3個も占めています。含有率75パーセントです。すごい濃度。

こちらは、志布志市 志布志町 志布志の
志布志市役所本庁・志布志支所です。
「志布志」の由来…
志布志の地名は、天智天皇還幸の伝説の中で、天皇に布を献上した
妻女の優しい心にならい、召使いの女性もまた布を献上したところ、
天皇は大変感激され「上下より布を志す誠にこれを上下の志布志で
ある」といわれて高濱の郷中すべて志布志と呼ぶようになったと
伝えられています。
市章

当初の予定では、今日はまっすぐ北上して宮崎県の日南《にちなん》海岸へ向かうはずだったのですが、悪天候の日に海岸に行ってもなんなので、初日から予定変更することに（爆）。鹿児島県を先に攻略することにしました。国道220号線を右折したとたんに向こうに鹿児島のシンボル、桜島がドーンと見えてきました！このあたりで雨も止んできて、桜は通り沿いに少し咲いているのを発見したのでパシャリ。

桜島を取り巻くように走っている溶岩《ようがん》道路を半周した突き当たりが桜島フェリー乗り場で、鹿児島市内へショートカットすることができます。桜島と鹿児島港の間を20分おきに運行しているそうです。生活路線なんですね！

桜島フェリーで到着した鹿児島市内での遅い昼食は、九州出身の友人が教えてくれた鹿児島黒豚しゃぶしゃぶの店、「遊食豚彩いちにぃさん 鹿児島本店」へ。8組待ちの人気っぷりです。そば湯で豚肉をしゃぶしゃぶし、そばつゆで食べる鹿児島黒豚の有名店で、東京にも支店があるそうです。

「そばつゆで食べるって？しゃぶしゃぶはポン酢やろ！」と内心、懐疑的だった妻、一口食べて、**「うまっ！」**と衝撃。はじめて食べるテイストです。豚の甘みが生きていて、そばつゆとよくあいます。シメは生そばですが、いまは季節限定の桜エ

そば湯でしゃぶしゃぶする。野菜にそばがついた基本セット１人前 2,600 円

ビ入りのピンク色のそばでした。こんなところで桜に逢《あ》えました！

そして本日最後にして、最大のイベントは……指宿《いぶすき》での**砂むし風呂体験です！** 海岸沿いにたつ「砂むし会館砂楽《さらく》」！

順路に沿って、脱衣場で下着を脱ぎ、裸の上に浴衣を羽織り、手ぬぐいをもって会館の外に出ると、ビーチサンダルを貸してくれるので海辺まで降りていきます。

よしずに囲まれた開放的な砂浜につくと、「はいそこに横になって」、その上からお兄さんが、慣れた手つきでひたすら身体の上にスコップで砂をかけていきます。

砂がちょっと重いね。でも落ち着くような不思議なきぶん。徐々に体があたたまって全方位的岩盤浴って感じです。10分が目安と言われたけど、オットと妻は15分埋まっていました！

旅の情報

本州から南九州へのフェリーでのアクセスは、大阪南港―志布志港（鹿児島）と神戸港―宮崎港がある。関東からは北九州へのアクセスのみなので北九州からまわるか、関西まで車移動してからフェリーに乗船することになる。いずれも海上は電波が弱いので注意。種子島、屋久島、奄美大島等へは鹿児島港周辺からの発着。この日の走行距離106・5㎞。

1県1サクラ　宮崎自動車道霧島SA（下り）。鹿児島よりは咲いている？

2県目

宮崎
Miyazaki

日本のハワイ、日南海岸は大荒れ中

今日は宮崎県の日南《にちなん》海岸をドライブする予定だけど、昨日指《いぶ》宿《すき》までやってきたのと同じ道を戻ったら、また同じく1日かかってしまう。何かいい方法はないものか？ 鹿児島湾を泳いで渡るわけにはいかんし。

と、悩んだ昨晩。なにげなくマップを見ていると、薩摩《さつま》半島の先の山川と、大隅半島の根占《ねじめ》のあいだには細い線が1本ひかれているではありませんか。

なんきゅうフェリー……ん？ なんちゅうフェリー？ ほう、これで大隅半島に戻れる！

さんきゅー！ フェリー！

……というわけで、ゆうべはサンキュー（なんきゅう）フェリーが出港する山川港フェリーターミナルの目の前にあり、九州を旅する車中泊ドライバーの聖地でもあるような「山川港活《い》お海道」で、栄えある車中泊1日目の夜を過ごしたオットと妻でありました。

朝、トイレに行くと、数人の男性たちが談笑中。みんな、車中泊で日本一周を何度もしていたり、あちこち旅をしておられる車中泊旅の強者たちでした。わたしたちは昨日デビューしたばかり。

「**なになに？ 桜を追いかけて日本縦断するの？** そりゃ、青森の弘前《ひろさき》の桜が最高だよ。奈良の吉野桜もいいけどねー……」

こうやって、旅人仲間からいろんな情報を教えてもらえるのも、楽しみのひとつです！

さて、なんきゅうフェリーは1日に4～5便出ており、50分の船旅で根占港に到着。さらに1時間半かけて、ふりだしの志布志港に戻ったのでありました。

いよいよ日南海岸です！かつての昭和の時代、日本人の生活が豊かになり、われもわれもと新婚旅行に行くのがハヤリになった頃、新婚旅行のメッカだった、**日本のハワイ**とも称される、元祖日本のリゾート地、**憧れの南国・宮崎の日南海岸！**

……のはずでしたが、

宮崎県さん、ごめんなさい！今日は昨日にも増しての雨！海は大荒れ、灰色で空との境界線がわかりません！

南国の風景を妄想しつつドライブして、雨でも行けそうな鵜《う》戸《ど》神宮を参拝しました。日向灘《ひゅうがなだ》の断崖絶壁に沿って海に向かって階段を降りていくと、洞窟のなかに本殿があります。

洞窟のなかに本殿がある鵜戸（うど）神宮。すごいロケーション。

気を取り直してお昼ごはんへ。遅めのお昼でしたが5組待ちだった「おぐら」は、宮崎名物チキン南蛮のメッカともいうべき名店！ 唐揚げにしたボリュームたっぷりの鶏のむね肉をいったん甘酢に漬け込み、その上に特製のタルタルソースがたっぷり。甘酢がきいています。がっつり食べたい若者や、男性は間違いなく好きな味です！ このボリュームで1050円。

チキン南蛮 1,050 円

移動途中、宮崎自動車道の霧島《きりしま》SAが霧島連山と桜のコラボがすばらしく、隠れたお花見の名所だということでしたが、ここも雨のなかでした。宮崎の美しい桜写真はあきらめるしかないのか……失意のうちに熊本に向かいます。

旅の情報

〈鵜戸神宮―道の駅「フェニックス」―堀切峠―青島神社・鬼の洗濯岩〉のルートで日南海岸をドライブ。その後、西都原（さいとばる）古墳群、別の日に高千穂（たかちほ）峡を予定していたが、桜がまだほとんど咲いていなかったことと、悪天候に阻まれ挫折。宮崎は温暖な気候でフルーツも豊富。フルーツてんこもりパフェもぜひチェックしたい。この日の走行距離174・7㎞。

第１回

フーフ会議　行きたいところ全部へは、やっぱ行けない件について（in 宮崎）

妻（以下　）「…いや～、スタートからいきなり飛ばして、鹿児島で１日半も使ってしまったせいで、宮崎にいられるのがたった半日になってしまった（汗）」

オット（以下　）「最初はどうしてもペースがつかめないからね。フェリーから見た海があまりの悪天候で、雨の中の日南海岸ドライブもナンだし、と思って予定変更したら、２日目のほうがさらに雨が強くなって……」

「それに想像以上に桜島をとり囲む大隅半島と薩摩半島との距離が長かった」

「うん。根占《ねじめ》から山川までのフェリーを見つけたときは小躍《こおど》りしたよね」

「そうそう！　でも、スタート地点に戻って宮崎入りしたのはすでに２日目の昼すぎ。時間がないうえに、日南海岸はどしゃ降り、堀切峠の桜がまだ咲いていなかったこともアイタタ…な誤算」

「せめて西都原《さいとばる》遺跡へ行こうかと思ったけど、“１分咲き”の開花予想に心が折れてしまったね。雨風も強かったし」

「結局、花より団子、桜よりチキン南蛮！　に走ってしまったよね（笑）」

「行きたいところへ全部行っていたら、時間と体力がいくらあっても足りないことがわかった」

「それから、予定どおりにはいかないことも……」

「とにかく今後はできるだけルートを決めて、１日１県のペースを守るようにしよう」

「無理しすぎずに移動距離を抑えつつ、１日１県、１桜、１グルメ。でもせっかく来たんだし、１～２カ所は観光地もまわりた～い！　温泉にも入りたい！」

「やっぱり欲が出てしまうんだね（笑）でも確かに、遠かったけど桜島と指宿《いぶすき》の砂むし風呂はすごくよかった」

「グルメの黒豚しゃぶしゃぶと、チキン南蛮のチョイスもgood！だった！」

「明日は熊本！　仕切り直していこう」

「待ってろ、くまモン！」

「オーッ！！」

1県1サクラ　熊本城は5分咲きくらい

3県目

熊本
Kumamoto

熊本城と馬ホルモン↓くまモン？

昨夜遅く、熊本市街に入りました。鹿児島と宮崎に比べて、熊本市、どえらい都会です！

のんびりした空気に慣れきってしまっていたオットと妻、

これは……ほんなこつ、どげゃんしたと！

と目を丸くしております。新しくできたというバスターミナルビルの近未来っぷりにも驚愕です。

翌朝、さっそく熊本城へゴー！桜は5分咲きといったところでしょうか。熊本城は小天守《しょうてんしゅ》と大天守《だいてんしゅ》、櫓《やぐら》や石垣などからできています。全体の雰囲気から、すごく整備され、大切にされている史跡だなと感じました。

熊本地震のあと、一見きれいに修復されたように見えますが、まだまだ地震災害の痕跡があちこちに残っ

バスターミナルビルは不思議な建物

ていました。復旧には市民をあげて力を入れておられるようで、熊本市民にとって熊本城がいかに大切な心のよりどころになっているかがうかがえます。

さて、阿蘇《あそ》へ行く道中でランチをしようと「**熊本　馬刺し　ランチ　食べられる**」で検索したところ、目にとまったのが「かつ美食堂」。馬刺し定食1780円！旅に出てから、ランチがやたら贅沢です（そのぶん、夜は車のなかでチーチクなどをかじっています）。

馬刺し定食を頼んで、もう1人は何にしようかと迷っていたら、お店の方が「お客さん、馬のホルモンの味噌煮込みはいいの？ここにはみんなそれを食べに来るよ。馬刺し定食はランチでどこでも出してるけど、（そ、そーなのか？）煮込みやってるのはウチだけだよ」と。

馬ホルモンの煮込み？？？食べたことなーい！……というわけで注文決定。隣に座ったサラリーマン風の男性たちの話に小耳を立ててると、

「うちの子は、**チュウチュウ**が好きだね。嫁さんは**だいだい**なんだけど」

チュウチュウ……？チューチュートレインか？

だいだい……？みかんが好きな嫁なのか？？？

どうやら、もつ煮込みのサイズを**大・中・小**から選んで、ライスの**大・中・小**も選べるよう。「じゃあ、中中1つに、大大1つ」という感じ。これぞ、地元っ子の店！

そんな地元のみなさんに混じって、その土地のおいしいものを味わえる、これぞ旅の醍醐味！と、ひしひしと幸せを感じたオットと妻でありました！馬ホルモン、おい

馬ホルモンの
味噌煮込み

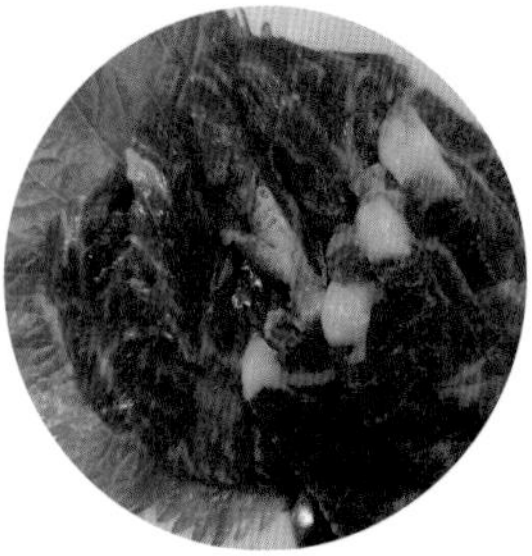

馬刺し

阿蘇山は
草千里からの火口見学
有料道路の噴火レベル2
につき通行禁止

しい……。

そしてたどりついたのは阿蘇山のふもと、道の駅「阿蘇」！ ここはこの旅でどうしても来たかった道の駅です。全国でも数少ない、国土交通省が認定する重点「道の駅」で、人気が高く、利用者数がとても多いそうです。

目の前は阿蘇山！ 大自然に包まれる開放感がすごくて、近くには温泉もあります。みなさん、マナーを守ってこのすばらしい道の駅を大切にしておられるようです。

ところで、熊本に来たら、どこかで一度は**くまモン**に会いたいな、と思っていたのですが……杞憂でした。スペインに行ったら一度はバルに行ってみたい、インドに行ったらカレーが食べたい、というのと同じぐらいの頻度で、くまモンはあっちにもこっちにもいました。土産物屋ではほぼ〝さるぼぼ〟状態です（笑）。

旅の情報

熊本市内から阿蘇山へはほぼ一本道（約40㎞）で、阿蘇山の周辺をぐるりと外周するように道が走っている。「かつ美食堂」は市内から阿蘇へ向かう途中にあり看板が派手ですぐにわかる。道の駅「阿蘇」からは、徒歩3分の場所に阿蘇坊中温泉「夢の湯」があり、コインランドリーも併設。ここを拠点に阿蘇山を散策するサイクリストも多いもよう。この日の走行距離180・64㎞。

1県1サクラ　平和公園近くの浦上教会（浦上天主堂）

4県目

長崎

Nagasaki

平和の祈り、世界へ届け！

長崎で楽しみにしていた軍艦島《ぐんかんじま》、海が荒れて船が出ませんでした（泣）。

昨日の夜、水辺の森公園駐車場に着いたとき、なんとステキな場所で今夜は過ごせるのかとワクワクしたオットと妻でしたが……。

雨が強くなるにしたがって、何台か駐車していた車はみんなどこかへ移動してしまい、朝になるときゃん吉1台だけに。雨が強いときは屋根のある駐車場を探したほうがいいと、ここで初めて気付きました。

おかげで外には出ず、車内にいるままでふとんを畳む技を習得してしまいました。何事も学習、学習。

さて長崎はご存じのとおり、異国情緒漂うステキなまちです。山の傾斜面に沿って山上のほうまで家が密集して建っています。南米ボリビアのラパスを思い出させる光景です。海に向かって開けた港湾を取り囲むように市街地が広がっているのは、ノルウェーの北の都市、ベルゲンにも似ています。

長崎を代表する景観、旧グラバー住宅は産業遺産の建物の1つで、長崎開港後に来住してきたスコットランド人商人、日本の近代産業の発展に貢献したグラバー氏の邸宅。現存する日本最古の木造洋風建築なんだそうです。大浦天主堂はこの近くにあるので、あわせて観光できます。

ちなみに、めがね橋は路面電車が走る町の通りを一筋入ったところにありました。

お昼は、あちこちで「長崎ちゃんぽんと皿うどんを食べるならどこがいいですか？」と聞き込み。その結果、約2名が同じ名前を口にした「寶來軒《ほうらいけん》」へ。原爆資料館の前にあります。

長崎グルメは**長崎ちゃんぽん**か、**皿うどん**か？　いったい、どっちなのでしょう？　オットと妻は食べ比べてみることにしました。

ちゃんぽんと皿うどんを1つずつ頼みましたが、うん。ちゃんぽんのほうは、普通においしいです。間違いなくおいしいです。

しかし、長崎では断然、**皿うどん**です！

ズバリ皿うどんの勝ち。

長崎は今日も雨だった
前川清ふうに
旧グラバー住宅

平和公園の平和祈念像

寶來軒の皿うどんは、パリパリの細い麺がたっぷりのあんとからんで、ものすごくおいしいです。最後までお酢をかけずにいただきました。

そして長崎観光の最後に訪れたのは平和公園です。力強い平和祈念像の実物を、この目で見たいと思っていました。

平和公園と、道路を挟んだ爆心地である原爆公園では、今年も春を告げる桜が、静かに、おごそかに咲いていました。

いま、ロシアがウクライナに軍事侵攻し、ウクライナの人々のいのちが脅かされています。悲惨な戦争がこれ以上繰り返されませんように、1日も早くウクライナに平和が戻りますように、長崎から、春の桜とともに、心から平和への祈りを届けたいと思います。

旅の情報

今回、悪天候につき残念ながら欠航だったが「軍艦島（端島）」は、長崎港から18・5㎞の海上に浮かび、数社からクルーズ船が出ている（朝8時〜）。所要時間は約2時間半。長崎市内は坂のまちで、路面電車が走っているので、基本的には車ではなく、徒歩と公共交通機関でまわったほうがよさそう。稲佐山から見下ろす夜景は日本3大夜景の1つ。この日の走行距離61・5㎞。

1県1サクラ　円応寺。桜のアーチに気分も上がる

5県目

佐賀 Saga

エエとこ探（サガ）せる佐賀。

♪S・A・G・A　佐賀♫

はなわサンには悪いけど、佐賀って、長崎と福岡という個性の強い県に挟まれて、存在感がうすい印象。なに気なくさらっとスルーして通過するつもりでいました。

TOKOROGA　と・こ・ろ・が。

前言撤回！佐賀は相当、エエところです！

まず、昨日。連日の車中泊でかなり疲れがたまっていたオットと妻は佐賀県の「武雄《たけお》温泉」の名を聞き、立ち寄り湯利用だけではなく、ここは温泉旅館にお泊まりしたい！と、ネットでググっていたのですが、あいにくたまたま土曜日。どこも満室……。

えーい、こうなったら、ディスカバリージャパン！昔ながらの旅のスタイル復活や！と、夕方4時頃、武雄駅前の武雄観光案内所に飛び込んだのでした。

すると親切なお姉さん、「……はい、はい。ただ、この時間ですと、お夕食はもうご用意ができず、素泊まりになりますが……」（エエ、エエ。そのほうがむしろありがたい。長崎ちゃ

んぽんと皿うどんでまだお腹いっぱい）と、あっさりと、１軒のお宿をご紹介いただきました！

おかげで夕べは２人とも畳の上の布団で手足を伸ばして爆睡！温泉にも何度も入り、すっかり復活したのでした。まずこの段階で、**佐賀、かなり好印象。**


翌朝は楼門《ろうもん》が強烈な印象の武雄温泉元湯（共同浴場）へ。この木製の浴場がまたレトロでいいっ！つげ義春《よしはる》の世界です。武雄温泉のお湯は、ねっとりしているのにサラッとして、まるで高級化粧水のよう！湯上がりのお肌がツルッツルに。

温泉ですっかりツルツルになった２人が向かったのは、武雄の桜ロードとでもいうべき県道53号線。ここにきてようやく天候が回復、気温が上がり、オットと妻の桜リサーチ能力も上がり、本来の桜の旅にチューニングされてきたのでした（正直これまでは天候悪いし、桜もあんまり咲いていなくて困ってた）。


まずこれは圧巻！桜のアーチがみごとな円応寺《えんのうじ》です（前写真／１県１サクラに認定）。

そして赤穂山《あこやま》トンネルを越えたところには、道路一帯の八天《はってん》桜！さらには馬場の山桜です。山桜なので、まだ蕾《つぼみ》で咲いて

共同浴場の武雄温泉元湯へ。
いい湯だな～♪
ツヤ
ツヤ
楼門
※注
実際は混浴ではありません

トンネルを超えると八天桜。やっときた桜フィーバー！

樹齢120年の１本桜の大木、馬場の山桜

いません。しかし目の前は一面の菜の花畑で、咲いたらどれほどきれいなんだろうと、おもわず目を閉じて咲いている姿を想像してしまいました。

本日のお昼は、呼子《よぶこ》でイカの活造り定食。呼子には当日海からあがったばかりのイカを出すお店が何件かあります。私たちは「大和《やまと》」でいただきました。１人前３４００円を２人でシェア。活きたイカがどんと１匹、透明でまだ動いています！　刺身を食べ終わったら、背中の部分を天ぷらにして持ってきてくれます。これがまたおいしい！

溶岩が海で冷えて固まるときにできた柱状節理が見事な、国の天然記念物「七ツ釜」も迫力満点。エエとこ満載の佐賀でした！

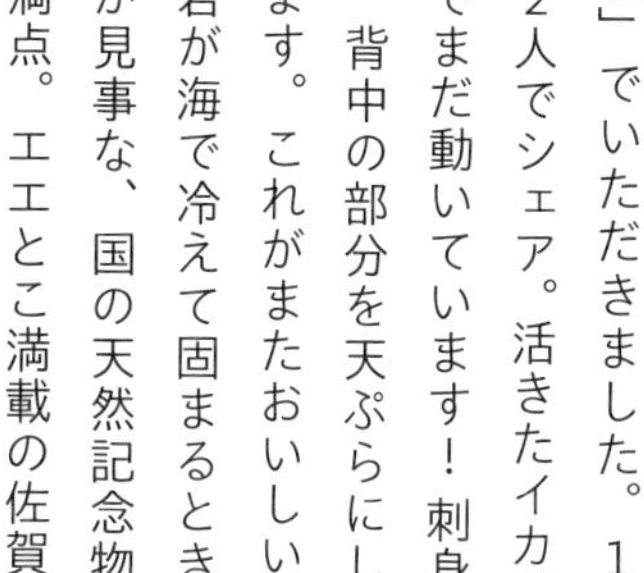

さばきたての透明なイカ

旅の情報

「武雄温泉」と「呼子の生イカ」しか予定していなかったが、その2カ所をつなぐルート上に、いくつもの素晴らしい桜の名所や、海に面した段々畑、七ツ釜などの見所があるという大変ラッキーで、感動的、印象のよい県だった。特に武雄温泉の泉質は極めてよし、みどころも満載で、温泉ファンには強くおススメしたい。この日の走行距離９１・９㎞。

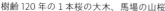

column 01

ゴミは溜めずにこまめに捨てること

車中生活をはじめて、すぐに直面したのが、「生活ゴミをどう処分するか問題」でした。

食べても、飲んでも、鼻をかんでも、人が生活するとゴミが出ます。ビニール袋にまとめて足元に置いておくのですが、ビン・缶・ペットボトルは別として、最近はどこの施設でも、持ち込みゴミが捨てられないようになってきています。

対策としては、ゴミは溜めない。少ないうちに意識的に捨てていくことです。コンビニで何かを買うたびに、設置してあるゴミ箱に（入り口が狭いのでかなり小さな袋でないと入りません）捨てさせてもらいます。

朝ごはんを買ったら、そのまま駐車場で食べて、その場でゴミ捨てまでしてから、車を出発させます。

ゴミを受け入れてくれるという点では、高速道路のSAが最強です。あとは宿泊した日、お部屋のゴミ箱に捨てさせていただきました。

ゴミを減らす視点からも、家から持参した保温機能のついたタンブラーや水筒が便利でした。コーヒーを買うとき、紙カップにせず、持参のタンブラーに入れてもらいます。ローソン、スタバなど、店舗によっては持参タンブラー値引きがあるところもあります。

お茶がもらえるところではお茶を入れたり、お湯を入れて湯沸かし家電の消費電力を少しでも節約したり、タンブラーは何かとお役立ちでした。

1県1サクラ　竈門（かまど）神社の情緒満点の桜

6県目

福岡
Fukuoka

大都会の桜は満開、夜は屋台。

福岡の桜は満開！　九州では福岡から（北から南に向かって）桜が咲き始める、というのはどうやら本当のようです。

福岡市の中心、いわゆる博多《はかた》タウンエリアは、東京、大阪に匹敵するような**大都会**なんですね。なんとなく久々に緊張しています。

そして市街地は、駐車場の料金が恐ろしく高い。その反面、低料金で宿泊できるゲストハウスのような施設はたくさんあるので、ここはできれば車中泊の旅でなく、公共交通機関で来たほうがいい観光地のようです。

駅前の大型商業施設「キャナルシティ博多」は、ＳＦ映画に登場する近未来都市の建物っぽい斬新なデザイン。すごい規模で、すごいパワーです。福岡市ってもしかしたら、九州の首都？　みたいな場所なのでは、という気がしてきました。

そして「博多」というワードがもつ独

キャナルシティ博多

特の文化圏意識というか、圧が強いというか、クセがスゴいというか……博多華丸・大吉さんの芸はギャグだと思っていましたが、どうやら博多の日常？……のようです。

さてさて、夜も更けて、**博多の夜といえば、屋台！** 暖かい服装をして、中洲《なかす》の屋台街へと繰り出しました。

おでん、ラーメン、モツ煮込みとか、どの屋台もおおむねメニューは似たり寄ったりです。1軒の屋台に決めて順番待ちの末、座りました。おでんと焼き鳥。味はそこそこにおいしいです。

しかし、屋台街そのものはすでに観光客向けの営業になっている感じがしました。知名度が上がり、有名になると、どうしてもそうなっていくんでしょうか。

最後のシメは、有名なとんこつラーメンの店、「元祖ラーメン長浜家」へ。ここは地元っ子も観光客も入り交じって、ラーメンをすすっている感じです。意外とあっさりした食べやすいスープです。麺が独特でおいしい。連日、地元グルメを見逃さず食べ歩いているオットと妻には、このあっさ

とんこつラーメン 600 円

中洲の屋台は観光客でいっぱい。どの店も順番待ち

りはうれしい味でした。食べ過ぎ注意で「もつ鍋」はあきらめました（泣）。

さて、翌日は桜の写真を撮ろうと太宰府天満宮《だざいふてんまんぐう》へ。平日にもかかわらず、すごい参拝客です。途中の参道のお店に、やたらと梅のグッズが売られているのを見て、はたと気がつきました。太宰府天満宮の祭神、菅原道真（天神さん）って、**桜というより梅……じゃなかったっけ？**

案の定、境内では桜は本殿横の中島神社に少し咲いていただけでした……。

そのあと、太宰府天満宮本殿から少し離れた場所の宝満山《ほうまんざん》の麓にある、縁結びの神様、竈門《かまど》神社まで行くと、とても情緒のある桜が満開でした！（1県1サクラに認定！）

旅の情報

福岡市は九州全土含む近隣地方から、主にショッピング目的に人が集まる大都会。博多の夜の名物・屋台街は、天神・中洲・長浜エリアと市内3カ所にあり100軒を超える店が営業している。どこで食べてもだいたいおいしく、ビール1本と2品ぐらい食べて1人2000円前後。この日の走行距離101・8㎞。

7県目

大分
Oita

湯けむりの向こうに桜が見える

1県1サクラ　由布岳と桜、菜の花の見事な景観

何を隠そう、カニはほぐそう、オットと妻、**由布院**《ゆふいん》に来るのは、これで通算3回目です。よく考えたら、ほぼ10年おきに来ている勘定です。由布院のシンボル的スポット、金鱗湖《きんりんこ》のほとりを歩いていると、10年前、20年前のことが懐かしく思い出されたのでありました。

上の写真は大分川《おおいたがわ》、御幸橋《みゆきばし》周辺からの景観ですが、駅から歩いて5分でこの景色に会えるって、ものすごくすばらしいことではないですか？（1県1サクラに認定！）

昨晩は車中泊ではなく、約3日に1度の宿泊施設利用の日だったため、由布院カントリーロード・ユースホステルに宿泊して、オーナーにこの場所のことを教えていただきました。

由布院は長きにわたり、全国でもトップクラスの人気を誇る温泉地。観光街は、平日にもかかわらず、けっこうな人出でした。最近できたスポット「湯布院フローラルヴィレッジ」は、どこかの国か、小人たちのファンタジーの世界に迷い込んだか？という小路です。なかなかよくできています。

これからも、新しい工夫も取り入れて、ステキな場所であり続けてほしいと思います。

由布院からひと山越えると、そこは別府《べっぷ》温泉。まちじゅうが地面からもうもうと湧き上がる噴気《ふんき》で、ときどき向こうが見えなくなるほどです。

別府では**地獄蒸し**が体験できると評判の「地獄蒸し工房鉄輪《かんなわ》」でお昼にしました。1時間待ちでした。お店の方が「待っている間、鉄輪温泉を散策してきてね」と。となりには足湯ならぬ、足岩盤浴もあったりして、退屈せずに待つことができます。

ここのシステムは、まず整理券番号をもらい、何の地獄蒸しか選んで券売機で食券を買い（オットと妻は、海鮮蒸しと大分名物のだご汁、鶏蒸しご飯に、温泉卵をチョイス）、呼ばれたら食材をもらって指定の蒸し場へ移動。分厚い手袋をして、温泉の噴気立ちのぼる地獄釜のなかにそれらの食材を入れ、さらに待つこと15分の辛抱でありました。江戸時代から伝わる調理法なのだそうです。ポン酢、塩、好みでバーベキューソースなどをかけていただきます。食べ終わったあとの片付けもセルフです。

湯布院フローラルヴィレッジ

これは、**よく考えられたシステム**です。人件費も節約できるし、客は地獄蒸しが体験できて面白いし！　まさにwin-winです。温泉の噴気で蒸したての食材は、素材の素朴な味が凝縮されていて、おいしくないはずがありません。２人で２５００円ぐらいと、**名前は「地獄」でも、お腹にもお財布にも優しいグルメ**なのでありました。

さて、桜前線と日本一周の旅、これで**九州の７県が終わり**ました！　京都に住むオットと妻にとっては、九州は遠く、これまであまり馴染《なじみ》みがなかったエリアだったけど、食べ物がおいしく、どの県にもそれぞれに特徴があって、とてもよかった！　また来てみたいところばかりでした。開花予報を鵜呑みにして桜がまだあまり咲いていなかった県は特に、いつの日かリベンジしたいです。

旅の情報

大分県は源泉数、湧出量ともに日本一を誇る、名実ともにおんせん県。別府温泉には別府８湯と呼ばれる個性豊かな源泉があり、まちじゅう湯煙がもうもうと立ち上る。海地獄、血の池地獄などをめぐる「地獄めぐり」も人気観光のひとつ。由布院は別府温泉から山を１つ越えたところで、雄大な由布岳の麓にひろがっている。この日の走行距離１３９・４㎞。

column 02

実況・車中泊の夜

1日1県ペースで進み、その日に予定していた桜ハントとグルメハント、観光を終えると、夕方4時頃には車中泊にするか宿泊《やどはく》にするか決め、次の県に向けての移動を開始します。県境を越えるときはハイタッチで「イエーイ！」をして、車中泊をする場合は宿泊地に遅くとも夜8時までには到着するように心がけていました。

温泉や銭湯が近くにあるときはまずお風呂。ランドリーがあるときは先に洗濯します。温泉・銭湯が併設されている道の駅や SA、車で 15 分以内のエリアに入浴施設がある場所を車中泊先に選んでいました。

お風呂のあとは、まず旅のブログを書いてアップしてから、晩ごはん。SA ではフードコート利用がほとんどです。道の駅では買っておいたおかずを車内または車外の野外テーブルなどでいただきます。

おやすみのギリギリ直前まで外着のまま過ごして、歯みがきやトイレを済ませたら、寝る直前に車の中で寝間着のスエット上下に着替え。後部荷室に設置している充電器ジャクリに充電が必要なもの（スマホ・ポケ Wi は毎日、他にスマートウォッチ・ノート PC 等）を接続して、夜間充電の準備をします。スマホの充電ケーブルをそれぞれの枕元まで引っぱってきて、寝るまでのひととき、しばしスマホを見るのは家と同じ（笑）。おやすみなさい。zzz…

車内でも驚くほどぐっすり眠れた夫と妻。でも、朝ゆっくり寝ていると、日が昇ってきて車内がめっちゃ暑くなって、強制的に起こされます（笑）

妻は旅の間、ノーメイクで過ごしましたが、メイク必須女子は車内でメイクするための道具も必要かなと思います。ちなみに、道の駅や SA のトイレの洗面所はお湯は出ないので水洗顔のみです。

1県1サクラ　深川川（ふかわがわ）河川敷の桜

8県目

山口 Yamaguchi

関門橋を渡った先は、桜の園だった

1週間滞在し、すっかり大好きになった九州を出発（離れるとき少し寂しかった）、**いよいよ本州・山口に上陸！**

下関《しものせき》でまず最初に行ったのは、関門橋《かんもんきょう》を眺めることができる桜の名所「老《おい》の山公園」。

地形的に高い場所にあるせいか、まだ桜は咲き揃っていません。ここは海が見渡せ、広々としてとても気持ちのいい公園でした。もし近所に住んでいたらお気に入りの場所認定、間違いなしです。

その後、中国自動車道路美東《みとう》SAで車中泊の一夜を過ごしたオットと妻は、秋芳洞《あきよしどう》へ。

秋吉台の地下にある鍾乳洞《しょうにゅうどう》、特別天然記念物の秋芳洞は、あまりにもメジャーなので観光ではスルーしようと思っていた妻。ところがオット、「秋芳洞へは、まだ行ったことがない」と。

……えっ？　そうだったの！と。それは行かなければなりませんね。

だけど、秋芳洞の門前町《もんぜんまち》というか、入口までのかつて賑やかだった通りの寂しさに妻、少し切なくなりました。ディズニーランドやＵＳＪなどができて、日本人のレジャーや観光のスタイルがすっかり変化・多様化してしまい、秋芳洞のように古来から栄えていた観光地に人が前ほど集まらなくなったのは時代の流れかもしれませんが。類《たぐ》いまれな、すばらしい自然の財産であることは今も昔も変わりないので、なんとか維持して、がんばってほしいです！

今回、初めて、洞内の黄金柱の手前にあるエレベーターに乗って、地上まで上がり、秋吉台のカルスト展望台まで坂道を徒歩10分、雨のなかを歩いてみましたが、あいにくの大雨。この旅に出発してからというもの、いったいどんだけ降るねん……。

さて、**山口と言えば「フグ」！**……といきたいところですが、今回は予算の関係上、茶そばを瓦《かわら》の上で焼いて、タレで食べる名物「瓦そば」を食べることにしました。

瓦そばはこれまでにも食べたことが何度かありますが、美東ＳＡのレストランの瓦そばは、瓦の上でしっかり焼いた茶そばがパリパリで、お肉もしっかり量があっておいしかったです！

瓦そば 1,100 円

秋芳洞百枚皿

元乃隅神社にて。
入れば願いが叶う
というお賽銭
投げにチャレンジ
高くてムリ

あと、どうしても行きたい、見てみたかったスポットが、長門市の**元乃《もとの》隅《すみ》神社**です。日本海に向かって続く123基の赤い鳥居の絶景は、夢のお告げを受けたという地元の網元《あみもと》さんが個人で建立されたもの。最近、海外のメディアで評判になり、知名度が上がってきたのだとか。この景観は一見の価値あり、でした。

帰る途中、国道191号線から観月《つきみ》河川公園を望む、深川川《ふかわがわ》河川敷の桜が見事で、1県1サクラに認定！　山口は、街なかも、海沿いの道路も、ＪＲの線路沿いも駅も、桜でいっぱいでした。**へーっ、日本って、こんなに桜が咲いているんだ！**と感心。山口が特別なのでしょうか？　それとも今が桜の最盛期？

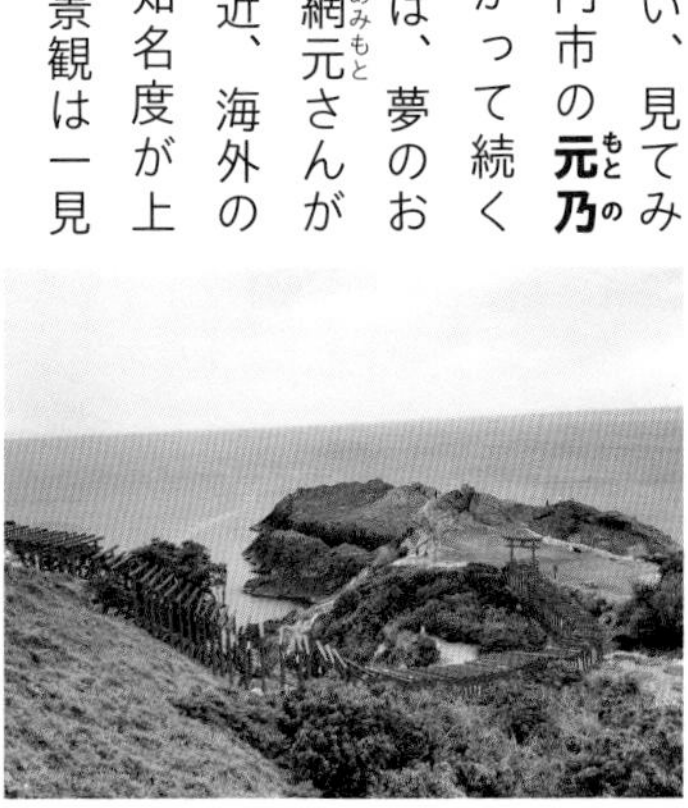
元乃隅神社

旅の情報

山口県は九州目線からは関門海峡を渡った本州の入り口で、特に下関は北九州（福岡）とのつながりも強い。山口の観光といえばかつては秋芳洞・秋吉台が王道だったが、近年は、下関の角島（つのしま）大橋がＣＭで話題を呼んで人気上昇、海外で火が付いたインスタ映えスポット・元乃隅神社とセットで脚光を浴びているようだ。この日の走行距離202.5㎞。

1県1サクラ　刺鹿（さつか）神社。山口の元乃隅神社に続いて鳥居ラッシュ

9県目

島根
Shimane

神々の国、神話のふるさとは、そばと酒うまし。

カレンダーは今日から4月です。夕べ、すっかり暗くなってから、島根県の道の駅「ごいせ仁摩《にま》」に着きました。

ここは2022年1月にオープンしたばかりの新しい道の駅ですが、石見神楽《いわみかぐら》の舞台も併設しており、地域文化の発信基地としての役割も担うのでしょうか。施設はとてもきれいでフレンドリーです。

長時間の運転にもかかわらず、慣れてきたのか、きゃん吉ベッドで2人とも、驚くほどの熟睡です。**車の疲れは、車で癒やす車中泊！**なんて優秀なきゃん吉……。

翌朝、意気揚々と世界遺産・石見銀山《いわみぎんざん》へと向かいました。

石見銀山は、戦国武将たちが群雄割拠《ぐんゆうかっきょ》していた時代からすでにその争奪戦が始まっていたそうです。江戸時代に入ると最盛期には世界の銀産出量の3分の1を日本が占め、そのうちの相当な量を石見銀山が担っていたのだとか。佐渡《さど》の金山にもその採掘のノウハウが伝わり、影響を与えたようです。

代官所や住居、間歩《まぶ》と呼ばれる採掘坑道など、銀山運営の全

体像が、山あいの自然とともに文化的景観を形成して現存しており、それらが今も人が住みつづけているまち・大森町として残されていることなどが世界遺産に認定された理由のようです。

……**しかーし！** 古い町並み散策のあと、間歩（坑道）へと向かう道路は途中から観光客の車の乗り入れが禁止されており、自転車を借りるか、坂道を45分歩くしか方法がなく、往復1時間半の山歩き＋坑道見学。つまり半日がかりのスケジュールが必要で、なおかつかなりな体力がないとムリそう……。惜しくも断念して、石見銀山世界遺産センターで映像やレプリカを見学しました。

銀はあきらめ、ごま豆腐を買うことにした妻……。

オットと妻、この旅に出てからというもの、お昼はけっこうなグルメの食べ歩きをしていますが、夜はほとんどスーパーへゴー！ です。地元の食材や見たことのないおかずを地酒や地ビールと共に購入し、車のなかや屋外の食事ができそうなスペースで晩ごはんにすることが多いです。ごまどうふも今晩の晩酌のおともに。

九州はどこもほぼほぼ焼酎しかなかったのが、本州に入って

石見銀山代官所跡

夜な夜な車内で晩酌。
狭すぎながらも楽しいマイカー
宗味

ようやく日本酒に会えました。ここ島根のお酒はすごくおいしいです！

そのあとは、観光案内所で教えてもらった刺鹿《さつか》神社へ桜見学に。ザ・日本の桜の風景です。赤い鳥居と桜は子どもの頃にみた夢みたいです（1県1サクラに認定）。

そしてお昼はもちろん、言わずと知れた出雲《いずも》そば！「羽根屋 伝承館店」でいただきました。

出雲そばはそばの実を皮ごと製粉する「挽《ひ》きぐるみ」で、色が黒いのが特徴。香り高くのどごしもよいです。割子《わりご》スタイルで食べました。**出雲に来たら出雲そばは絶対に食べるべき**です。

最後は出雲大社《いずもたいしゃ》へ到着。

この先の旅の安全を祈願しました！

出雲そば 900円

旅の情報

八百万（やおよろず）の神様が出雲大社に集結するため、日本国じゅうが神様のいない月「神無（かんな）月」となる11月、ただ1県のみ11月を「神在（かみあり）月」と呼ぶ島根県。時間があれば宍道湖へと注ぐ玉湯川沿いの玉造温泉にも足を延ばしたい。国宝・松江城もソメイヨシノが見事。桜まつりでにぎわうらしい。この日の走行距離170・8㎞。

第2回

フーフ会議 ナビどおりにいかない運転時間の件について（in 島根）

1日の終わりに次の県まで移動して宿泊する、いわゆる前日入りを基本に、山口から島根までヘロヘロで移動してきた２人でしたが……。

「大丈夫？」

「う～ん、なんとか～…」（雨の夜の高速・長時間運転でフラフラ）

「山口の元乃隅《もとのすみ》神社から島根の道の駅「ごいせ仁摩《にま》」まで、グーグルのナビ予想では3時間半のはずだったのが……」

「実際には5時間以上かかった！　途中で死ぬかとオモタ！」（高速道路が新しくて車載ナビが検知しておらず、高速から何度も降ろされてしまい、道に迷ったなど、諸々あり）

「運転、妻だけに負担かけてホントに申し訳ない（汗）」

「うんうん。でもね、ガソリン入れたりナビしたり、運転以外のことは全部やってくれるから、それはそれでラクですよ。それに秋芳洞《あきよしどう》が終わってから、“やっぱ最近、話題のスポットの元乃隅神社も行きたい！”って逆方向やのに言い出したのは妻だったし（自業自得）」

「ルート的には、山口入りしてからすぐに行くべきだったね」

「そうなんよねー。途中で気が変わってルート変更したらあかんわ。日本列島の広さをナメたらあかんー！ってつくづく思った」

「車載ナビとスマホナビを使いこなすことと、1時間おきに休憩しながら1回の運転時間は2時間まで、大きく県境を移動するときも4時間まで、を厳守だね」

「それ以上はカラダへの負担が大きいことが今回判明したわ。事故しないようにするためにも、運転の制限時間は決めておこう」

「制限時間内の移動でいけるルート上で、桜ハントと観光地と宿泊地を選定するようにしよう！」

「行きたい場所はいっぱいあるけど、カラダが資本！　そして45都府県制覇が最優先！　これからはそれでお願いします！」

「それでは、今夜は車の中でおやすみなさい！」

1県1サクラ　原爆ドームを対岸の平和公園からのぞむ

10県目

広島

Hiroshima

2つの世界遺産と遠い空

広島では、2つの世界遺産をまわることにしました。

まず、海に浮かぶ赤い鳥居が美しい**安芸《あき》の宮島・嚴島《いつくしま》神社**です。京都の天橋立《あまのはしだて》、宮城の松島とともに「日本三景」の1つです。

オット「モンサンミッシェルみたいなもの？」

妻「琵琶湖に浮かんでる白鬚《しらひげ》神社の鳥居みたいなもの？」

……オッホン。それではこれから正しい宮島観光を指南いたしましょう。

まず、車はJR宮島駅の裏の駐車場に停めましょう。駅の下のトンネルをくぐれば、宮島行きのフェリー乗り場は目の前です。ここから15分に1本ぐらいの頻度でフェリーが出ており、約10分で宮島に到着です。乗船料は1人180円とお安い。

島についたら、海沿いを歩いて10分ぐらいで嚴島神社に到着です。青い海、青い空、そしてアクビをする野生の鹿……。

さて、そろそろ嚴島神社の海に浮かぶ真っ赤な大鳥居が見えてくるはずですね！……ん？あの建設中のリゾートホテルのようなものは一体なんでしょうか？？？

大鳥居、今年（2022年）いっぱい修復中だそうです（泣）

それでもこれだけ人が来ているのは、もちろんオットと妻のように修復中であることを知らなかった観光客もいることはいるとは思いますが、ここが非常に人気の高い観光地だからだと思います。門前町では、あちこちで殻付きの焼き牡蠣《かき》が2個500〜550円で売っています。広島名物のもみじまんじゅうをフライした「あげもみじ」1個200円も人気！

それらを食べ歩きし、広島レモンビールなどを飲み、またフェリーに乗って帰るのでした。宮島は大変、成功している観光地だと思いました。

そして広島といえば、やはりお好み焼き！広島市内にある「お好み村」は24店のお好み焼き店舗が1つのビルに入った、お好みのテーマパーク。「ちいちゃん」という店にしました。ちいちゃんスペシャルは肉・エビ・イカなど全部入りで1500円。私たち夫婦には、2人で1枚で十分満腹になるボリュームでした。

そして広島が世界に発信するもう1つの世界遺産が、**原爆ドーム**です。このドームが世界の平和を求めるシンボルとして今日まで残されていることにあらためて感謝します。

具がたっぷりの広島焼

(上)　フェリーで10分、宮島へ
(右上) 修復中の大鳥居（2022年12月に修復完了）
(右下) おっきな焼き牡蠣

世界遺産の碑には、「人類史上最初の原子爆弾による被爆の惨禍《さんか》を伝える歴史の証人として、また核兵器廃絶と恒久平和を求める誓いのシンボルとして世界の文化遺産及び自然遺産の保護に関する条約（世界遺産条約）に基づき世界遺産一覧表に記載された」と記されています。

ドームが見渡せる平和記念公園は桜の名所でもあり、憩いの広場として今日もあちこちで観光客や市民がお弁当を食べたり、お花見をしておられました。

過ちは繰返しませぬから

世界の平和が脅かされようとしている今年2022年、ナガサキとヒロシマで桜を見ることができたことを、意義深く感じました。

旅の情報

宮島へフェリーで上陸したのは初めて（鳥居が改装中で残念）だったが、まず商店街の活気にびっくりしたのと、露店で食べる焼き牡蠣のおいしさに驚き。牡蠣目的の再訪もアリか。しまなみ海道の起点となる尾道は迷路のような坂が魅力的なまち。愛媛県今治へと続くしまなみ海道は全長60㎞、芸予諸島の6つの島々を次々と橋で越えていき、爽快。この日の走行距離111・4㎞。

1県1サクラ　玉川ダム湖の夕焼け

11県目

愛媛
Ehime

松山城は桜の雲の上!

広島・尾道《おのみち》から、**しまなみ海道で四国に**入りました。現れては次々にかたちを変えてゆく島影、美しい橋をいくつも越えるたびに期待に胸をふくらませ、**島から島へと渡って**いきます。今治《いまばり》から松山へ。四国の1県目は愛媛です。今治に入ってすぐの玉川ダム湖の桜を1県1サクラに認定!

松山といえば、個人的にすぐに思い浮かぶのは道後《どうご》温泉本館ですが……保存修理工事中に加えてコロナ対策のため、入場人数を制限されており、定期的に配布される整理券が必要で、結局、入れませんでした(泣)

道後温泉本館はこれまでにも何度か来たことがありますが、あまりにも有名ゆえに、いつ行っても人でいっぱいで、浴槽はさらに人、人……、という状態だったので、コロナ下では仕方ないかもしれません。

かわりに商店街の角にある、地元の

道後温泉本館

人の利用が多いと聞く「椿の湯」に行きました。ここもいいお湯でした！

翌日は、松山城へ。松山城は江戸時代に建築された天守を有する現存12城のうちの1つです。山城なので、リフトまたはロープウェイを使って本丸広場まで上がります。上がったところは、**いままさに春爛漫《はるらんまん》**でした！

武者たちとの無料写真撮影や、蛇口から出る愛媛みかんジュース（コップ1杯350円）など、お楽しみもいっぱいでした。

さて、お昼。

「松山の鯛めしと、宇和島《うわじま》の鯛めしは違うけんね。間違わんときんさいよ」

ほう……そうなんですね。

愛媛県中部の松山の鯛めしは、いわゆるよくある鯛の炊き込みご飯タイプ。それに対して県南部（南予《なんよ》）の鯛めしは、鯛の刺身を、生卵をといた醤油ダレに薬味、海藻などと共に入れ、それをご飯にかけて食べるスタイルです。その昔、水軍や漁師さんたちが、火の使えない船の上で、釣り上げたばかりの鯛の切り身をご飯に乗せて食べたのが始まりなんだとか。

うーん、両方を食べ比べしたいところですが、腹も身のウチ、

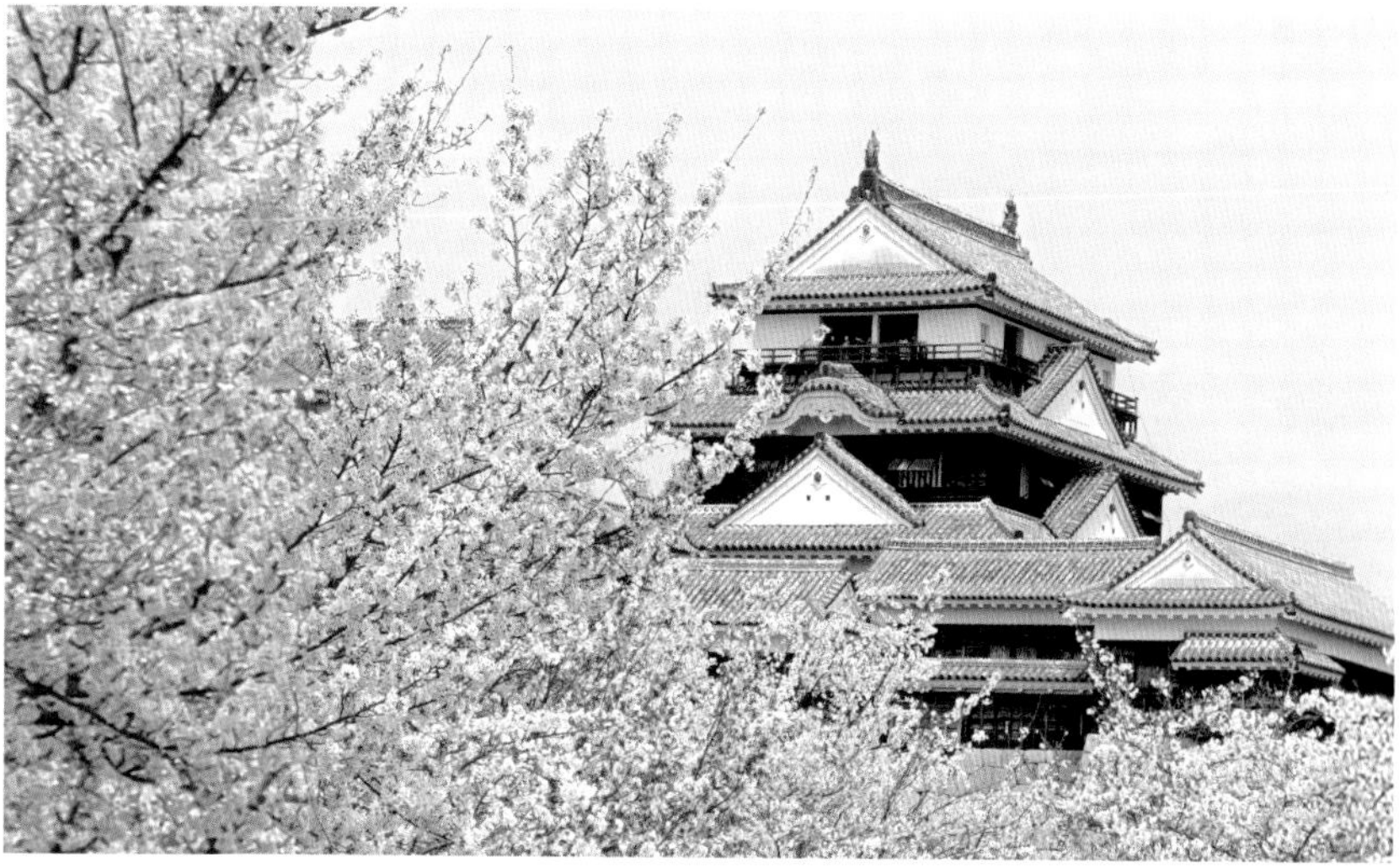
松山城は桜の雲に浮かんでいるよう

鯛も切り身のウチ、なので、ロープウェイ駅すぐそばで行列ができていた「丸水《がんすい》」で宇和島式の鯛めしをいただきました！

これは、**超・超・超豪華バージョンの卵かけごはん**ですね！うまし！

今回は松山の周辺しか行くことができませんでした。1日1県ペースだと、移動時間の関係で移動ルート上にある場所しかなかなか行くことができません。それぞれの県をわりとしっかり観光しようと思うと、最低でも2日かかりますね。

このごろ、一斉に桜が咲き出して、**本当に1日1県1サクラのペースで青森まで間に合うのか、心配**になってきています。

愛媛・松山から高知へ向かう国道33号線沿いはあっちでもこっちでも満開の桜・桜のフェスティバル状態でした！

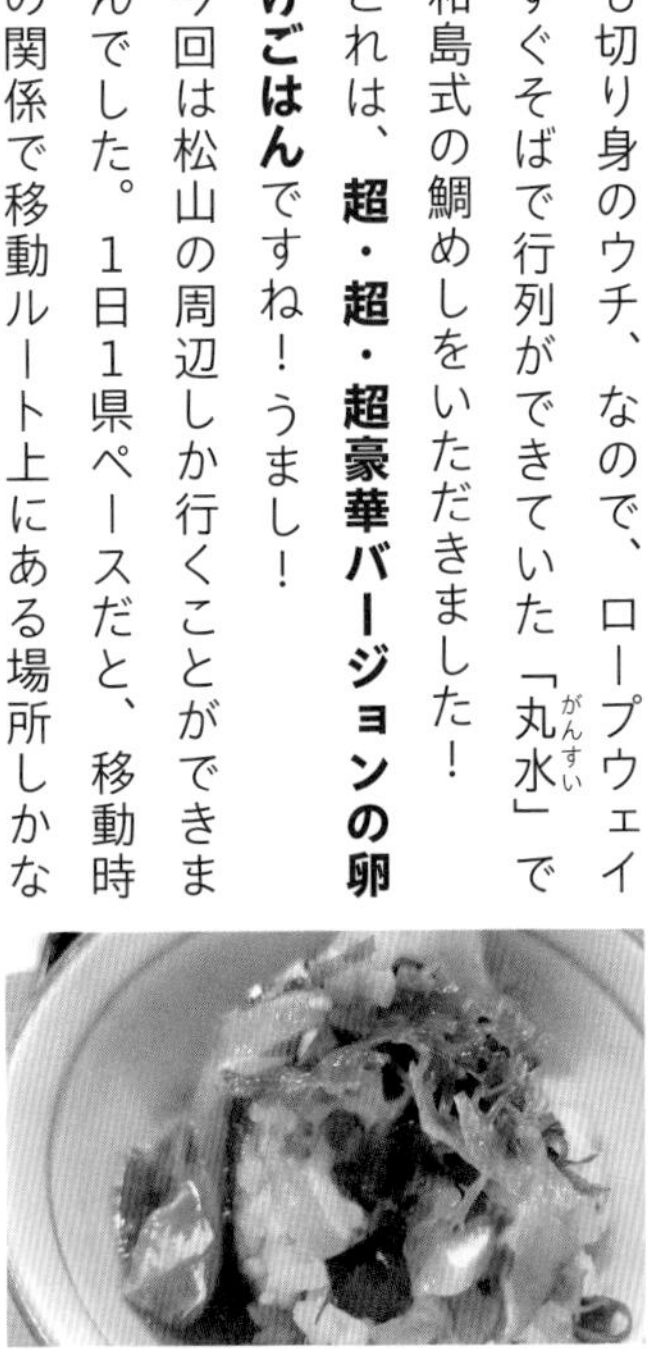
宇和島鯛めし

旅の情報

伊予鉄道路面電車の終着駅が道後温泉駅で、蒸気機関車をモデルにしたレトロな坊ちゃん列車が人気を呼んでいる。愛媛といえばみかんが有名だが、新鮮な魚介類も豊富。鯛めしが要チェックなほか、ブリしゃぶ、鯛そうめんなども。宇和島でのシーウォーカー体験や、別子銅山も行ってみたいポイント。この日の走行距離91・6㎞。

1県1サクラ　大渡(おおど)ダム周辺はさまざまな桜や桃が一度に見られる

12県目

高知
Kochi

南国土佐でリョーマの休日。

愛媛から高知まで移動してきた国道33号線沿いには、桜の見どころがたくさんありました。

大渡《おおど》ダム周辺はソメイヨシノ、しだれ桜、花桃が、赤い橋を背景に咲き競っていました。菜の花も共演に加わって、まるで**夢の世界のようにキレイ**です。

かわの駅おちのキャンプ場にもたくさんの桜が。ほかにも、川沿いに山全体が桜色に染まっているところなど多数。今まさに、桜、全盛期です。

オットと妻、**こんなにたくさんの桜を一度に見るのは生まれてはじめて**かもしれません。まさに一生分のお花見です！

♪土佐《とさ》の高知のはりまや橋で
坊さん、かんざし買うを見た
ヨサコイ、ヨサコイ♫

……というわけで、高知市にやってきました！

はりまや橋は日本3大がっかり名所の1つ、との呼び声も高く（ちなみにあと2つは長崎のオランダ坂と、札幌の時計台）、世界3大がっかり名所(シンガポールのマーライオン、ベルギーの小便小僧、デンマークの人魚姫)を達成しているオットと妻としては、ぜひこちらもコンプリートしたいものだと思っています。

この橋は平成にできたもの。はりまや橋は、江戸時代、堀川をはさんで商いを営んでいた「播磨屋《はりまや》」と「櫃屋《ひつや》」が互いの行き来のために私設の橋をかけたものなんだとか。土佐の経済の発展っぷり、豊かさが、うかがえます。

高知城の追手門前の追手筋では、日曜市が開かれていました。コロナでずいぶん出店が少なくなっているとはいうものの、果物や野菜、漬け物、刃物や植木など、いろいろなものが出店されていて、見ていて楽しいです。朝市大好き主婦としては、テンションが上がります!

高知城はこの週末、桜や生け花のライトアップで会場を彩った「高知城花回廊」を開催しており、夜もさまざまなイベントをやっていました。残念ながら夜は行けませんでしたが……。

追手筋の通りに面してフードコートスタイルで食事ができる「ひろめ市場」の入り口があります。まず座る場所を確保して、好きなお店で注文した料理を食べます。お客は主に観光客で

平成に建造されたはりまや橋

しょうか？　その中から1軒の店を選んで、カツオのたたきを食べました。ここのお店は店主が目利きをして、毎朝、市場からカツオを仕入れてきているんだとか。新鮮なカツオのたたきは、ポン酢よりも塩で食べるのが土佐風だそうで。どっちにしても、ニンニクは大量に入れるのですが、たしかに塩で食べたほうがおいしいです！

カツオのたたき。塩で食べる

オットと妻は5年前にJRのバースデイきっぷ（JR四国全線と土佐くろしお鉄道全線の特急列車が乗り放題）で四国を一周したとき馬路村《うまじむら》や四万十川《しまんとがわ》に行ったので、今回はパスしましたが、そちらもよいところなので、ぜひ足を延ばしてください！　せめて馬路村に行った気分を味わうためにゆずジュースとゆずビールを買いました。今夜、いただきまーす。

旅の情報

四国の鉄道は無人駅が半数以上を占めており、単線路線も多く、鉄道ファンでなくてもかなりテツ萌えするが、そんななかでも高知は無人駅の割合が93・5%とダントツの全国第1位。鉄道にもぜひ乗ってみたい。ひょうたん桜（ひょうたん桜公園）は、つぼみの形がひょうたんに似ているそうで、県の天然記念物に指定されている。この日の走行距離50・5㎞。

1県1サクラ　山全体が桜色に染まる眉山（びざん）

13県目

徳島 Tokushima

阿波おどりは日本のリオのカーニバルか！

徳島県の祖谷《いや》地方は日本の3大秘境に数えられています（やたら3大〇〇が多い妻）。日本の3大秘境は、**岐阜県・白川郷《しらかわごう》**、**宮崎県・椎葉村《しいばそん》**、そしてここ、**徳島県・祖谷**だそうです。

祖谷へ実際に行ってみると、まさに秘境の名にふさわしい場所でした。なかでも国指定重要有形民俗文化財の「祖谷のかずら橋」はハンパないスリル感。長さ約45m、幅約2mの吊《つ》り橋で、シラクチカズラという植物を編み込んで作られたものだそうです。水面からの高さはなんと約14m……。

実際に550円払って渡ってみると、……**渡ろうと思ったことを深く後悔**しました。怖すぎます。インディ・ジョーンズの映画の世界……。足下から下の渓流が丸見えです。足がすくむと動けなくなるので、ひたすら1歩1歩、カズラにつかまり、前進するだけです。歩くたびにギシギシ音がします。

3年に1度、新しいカズラで橋の架け替え作業をされているそうですが、作業しておられる方に心から感謝しました。

そして！めでたくこの橋を渡りきった**勇者へのご褒美**は、祖谷地方の郷土料理、でこまわしです！かたちがかわいい！

人形浄瑠璃《じょうるり》の人形（＝木偶《でこ》）にかたちが似ていることからその名がついたようで、ジャガイモ、そば団子、岩豆腐、こんにゃくなどを串に刺して、甘味噌を塗り、火の周りで回しながら焼いたもの。これ、間違いなく、おいしいヤツやー。「岩豆腐」は祖谷の名物で、大きくて堅い豆腐です。１丁およそ８００g（１辺10㎝ほどもある立方体）、ぎっしり中身が詰まって肉っぽい食感というか、食べ応えがあります。

オットはアマゴの焼いたのにもパクついておりました。

でこまわし１本400円

その後は一路、徳島市へ！　徳島ラーメンの元祖「いのたに」の閉店時間（17時）に間に合うように、**走れ！　きゃん吉！**　眉山《びざん》のロープウェイ乗り場の近くにある「いのたに」は、店外も店内にも「中華そば」の文字のみ。徳島ラーメンの「と」の字もありません。それがかえって、元祖っぽい。

徳島ラーメンには、茶・白・黄系があり、こちらは茶系徳島ラーメンということになるのですが、というよりも、いのたにさんは、徳島ラーメンを全国区にした、徳島ラーメンそもそも

阿波おどりのライブ。踊り方の指導もしてくれます

の立役者のようです。

翌朝は桜の名所、眉山へ。行ってみてわかったのですが、眉山山頂へ登るロープウェイ乗り場の建物が「阿波《あわ》おどり会館」になっているのですね。

そして、なんと、ここでは、毎日数回、**阿波おどりのライブ**を見ることができるのです！なんてすばらしい！

阿波おどりの踊り方の指導もしてくれます。ロープウェイの料金とセットになっていました。いやー、すごい迫力でした。地域の人々のなかには1年を阿波おどり中心に回している人がいる、人生をかけている人がいる、そんな情熱のアツさから、**日本のリオのカーニバル**に匹敵する、と思いました。これは、ぜひ、8月の本番に来て熱狂しなくてはなりません……！

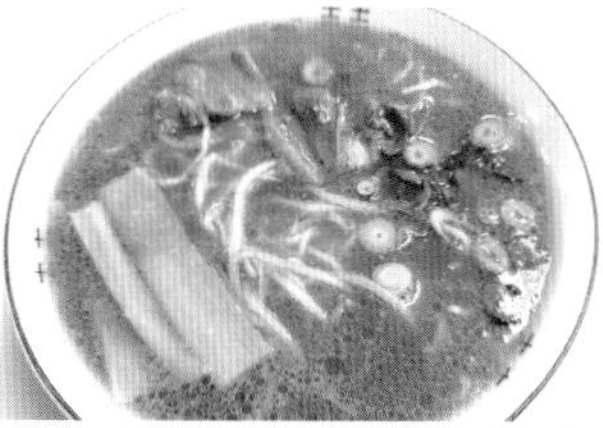

甘辛く炊いた肉が入った徳島ラーメン

旅の情報

かずら橋の近くにある大歩危《おおぼけ》小歩危《こぼけ》、また今回の旅では足を延ばせなかったが、鳴門海峡のうずしおも見どころ。鳴門大橋近くの大塚国際美術館はオットと妻のお気に入りスポットで、展示されている陶板名画はすべてレプリカだが、世界的に有名な絵画ばかりでじっくりと観賞でき、本物とはまた別の良さがある。この日の走行距離２４３・４㎞。

14県目

香川 Kagawa

うどんにダシかけ、シュラシュシュシュ。

♪金毘羅《こんぴら》船々　追風《おいて》に帆かけて
シュラシュシュシュ　まわれば　四国は
讃州《さんしゅう》　那珂《なか》の郡《ごおり》　象頭山《ぞうずさん》
金毘羅大権現《こんぴらだいごんげ》　一度まわれば♫

オットの記憶にも妻の記憶にも、「こんぴらさん」といえばこの歌！（車内で大合唱♫）

子どもの頃は「なかのごおり」（現在の仲多度郡《なかたどぐん》）や「ぞうずさん」（こんぴらさんがある山）などが**意味不明すぎて**、そのへんは適当にごまかして歌っていましたが……香川県の古い民謡とも、お座敷唄《ざしきうた》とも言われており、それがなんで全国区に？と深掘りしてみると、１９６１年のＮＨＫの「みんなの歌」で放送されたのがきっかけのようですね。

というわけで、香川県はこんぴらさんにやってきました！

正式名は金刀比羅宮《ことひらぐう》。海の守り神、「さぬきのこんぴらさん」として親しまれ、古くから民間信仰の対象として、全国から参拝者が訪れました。

こんぴらさんが有名なのは、なんといっても本宮までの**785段の石段**の存在（奥社まではなんと1368段らしいがオットと妻は最初から検討に入れていない）。はっきり言って、これはキツい！

786（なやむ）から1ひいた数、と言われていますが、1ひいてくれたぐらいでは、登るのがしんどい悩みは変わりません……。参道ではあちこちで杖を貸してくれ、これがこんぴら参りの一般的なスタイルのようです。

365段目の大門までは、階段の両側にずらりと土産物が建ち並び、その規模の大きさは日本一とも言われているそうです。1歩1歩、石段を踏みしめながら歩くことで、自分と向き合い、信仰を積み重ねていくのでありましょうが……オットと妻には、この先、「青森まで行く」という使命が控えております。ここはなんとか体力の消耗を抑えたいところ……で、いろいろと調べてみると、365段目の大門まで、タクシーで行ってショートカットする方法を見つけました。

しかししかし、さらによい方法を見つけました。今回オットと妻が採用したのは、中腹にある「神椿」というカフェ&レストランまで自家用車で行き、カフェを利用すれば、**お店の反対側の出口が参道の500段目に通じて**おり、お参りのあいだも

この山を登っていく

宿で「こんぴらふねふね」で結構盛り上がりました
こんぴら
ふねふね
おいてに
ほかけて
しゅらしゅしゅしゅ
しゅ～

駐車しておける、という方法です。

さらに、素泊まりで予約した旅館が、なんと参道石段の92段目にあることが発覚。

結局、１段目から１００段目までと、５００段目から７８５段目まで、合計３８５段しか歩いていません。こんな私たちでも、ご利益があるのか、心配です（泣）。

さて、香川といえば、やっぱり讃岐《さぬき》うどん！

讃岐うどんの麺にはいろいろなタイプがありますが、綾川町の「山越《やまごえ》うどん」は、もちもち食感。有名な人気店で、お昼過ぎには閉店してしまいます。店内で注文して、店の外の長椅子で食べるスタイルは以前と同じですが、えらく整備されて公園のようになっていました！

山越のしょうゆうどん

旅の情報

こんぴらさん（金刀比羅宮）785段石段踏破は、片道1時間半、往復には3時間強をみておく必要がある。階段途中には土産物、飲食店のほか、宿屋も何軒かある。香川といえば讃岐うどん。コシがあり硬い、グミのような弾力、もちもち食感など麺にそれぞれ個性とこだわりあり。うどん屋は午前中が勝負なので早めに行こう。この日の走行距離57㎞。

column 03

服装は出発から帰るまで、ずっと同じ 4～5日に1度はコインランドリー

3月末に家を出るとき、なぜか、これから季節は暖かくなる（？）と勘違いし、半袖のTシャツなどをたくさん持っていきましたが、結局、半袖は一度も着ることなく、持ち帰りました。

冷静になってよく考えたらわかることで、桜前線を追いかけて桜が咲いている場所を次から次へと移動していくわけですから、それはもう、ずっと同じ気候帯にいるはず……想像力が足りませんでした。とほほ。

結局、今回の旅のスタイルは、オットも妻も出発したときのまま、まったく同じ。薄手の上着を羽織る、春のはじまりの服装です。たまにすごく寒いときがあるので、セーターも必要でした。

一番上に着る防水のパーカーは必須。小雨程度なら傘がなくても、パーカーをかぶればいけます。富士山の周辺や高地では、よく霧雨のような濃霧が発生していました。

洗濯はビジネスホテル、SAなどにあるコインランドリーを利用します。オットと妻は、旅に持っていく着替えは4組までと決めているので、4～5日に1度は洗濯が必須。洗濯機45分、乾燥機60分ぐらいの時間がかかり、100円玉が何枚か必要です。洗剤は料金に含まれている所・別売している所・まったくない所といろいろなので、念のため準備していきました。粉や液体よりもジェルボールが扱いやすいです。

最近のビジネスホテルでは、男女それぞれ大浴場の脱衣場にランドリー機が設置されているのに何度か遭遇しました。わが家では妻が洗濯機を回してオットが回収に行くなど、手分けすることが多いので、男女別になっていると少し使いづらいかも、でしたが、コインランドリー機が増えることは旅人としては大歓迎です！

1県1サクラ　倉敷美観地区

15県目

岡山

Okayama

歴史地区も温泉も、ええとこじゃ岡山。

四国4県は、あっという間に終わりました！　瀬戸中央自動車道を通って、再び本州に戻り、15県目の**岡山へと上陸**。岡山ではまず、倉敷《くらしき》美観地区を見学することにしました。

遠い記憶によると、倉敷って妻の青春時代のあこがれの町でした。元倉敷紡績《ぼうせき》の工場跡・蔦《つた》のからまるアイビースクエア、お堀の周辺にたたずむように残る昔の風情、大原美術館……という印象でしたが、今はなんかすごいことになっているではありませんか！　**白壁《しらかべ》土蔵《どぞう》のお土産屋さんの建物**がいっぱい！　ソフトクリーム片手のギャルもいっぱい！

旅をしていて感じることは、すごくPRがうまく、インスタ映えして、観光経済でお金が回っていて、新しいスポットがどんどんできて人がワンサカ集まっている観光地と、正反対にかつてはにぎやかだったのに、みる影もなく凋落《ちょうらく》している観光地と、その差が激しいことです……。倉敷はあきらかに前者。

お昼は、岡山名物の「ままかり」が食べたくて探しました。

倉敷美観地区にある「大正亭」のばら寿司は、ほんとうにおいしかったです。季節の海のもの、地のものを使うのが昔ながらの岡山のばら寿司、ということですが、エビ、シャコ、タコ、藻《も》貝《がい》、さわら、そしてままかりの酢漬けが、目にも美しく、楽しい。

お腹がいっぱいになったオットと妻が岡山でもう1カ所、訪れたのは、山間部を分け入ったところにある湯原《ゆばら》温泉です。

最近、湯原温泉がジブリ映画『千と千尋《ちひろ》の神隠し』のイメージの元になったいくつかの温泉地の1つらしいという情報を得たため、立ち寄ることにしました。特に旅館「油屋」はもう、名前からして一致しています！（読みは「ゆや」ではなく「あぶらや」だそうですが）今回、なんとか泊まりたかったのですが、直前まで予定がたたない桜旅、3日前に電話をしたときは、すでに予約がとれませんでした。

湯原温泉は河原の混浴露天風呂、**「砂湯」で有名**です。せっかくですからオットと一緒に入ることにしました。ほかには男性が2～3人で、女性は妻だけでした。男性諸君、願わくばタオルで隠してほしかったです……。

ままかりも入ったばら寿司 1,750円

湯原温泉「元禄旅籠 油屋」

さて、今夜のお泊まりですが、毎日、その日の観光が終わったタイミングでどこで泊まる（寝る）か決めており、今日は車中泊するつもりでした。ところが、湯原温泉にはRVパークはあるのですが、車中泊ができそうな場所はありません。一番近くの道の駅まで走るか。でも外が寒く、雨も降りそうで、車の中でうまく寝られるか心配です。これはどこかに泊まったほうがよいかも……何軒か、そのへんの旅館に飛び込んで素泊まり料金を聞いてみたのですが、高い。そのとき川の向こうに見えたのが「湯快リゾート」の看板！ほかの旅館の素泊まり料金と、湯快の二食つきと、料金に大差がありません。

すいません。車中泊旅なのに、夕食・朝食バイキングで、砂湯に行くときの湯浴み着も貸してもらい、**すっかり温泉リゾートしてしまいました！**

旅の情報

香川から瀬戸大橋で岡山へ。倉敷美観地区は江戸時代に河川港として栄え、明治以降の紡績産業の興隆、第二次世界大戦で空襲を免れた大原美術館の存在など、さまざまな変遷を経て、今日まで整備されてきた。湯原温泉は古代にはたたら場（製鉄場）もあったらしく、ますますジブリ作品の世界観を想像。蒜山（ひるぜん）高原も美しい景観でおすすめ。この日の走行距離71.5㎞。

1県1サクラ　鳥取城跡・久松（きゅうしょう）公園

16県目

鳥取
Tottori

砂丘に恋する白ウサギ、鳥取。

朝、湯原《ゆばら》温泉を出発し、きゃん吉で北上するオットと妻。鳥取県に入りました。すると今度は三朝《みささ》温泉の看板が……ここも河原に混浴露天風呂があるのですが、こちらは橋の上から堂々の丸見え。妻もさすがに入る勇気がありません。

三朝温泉を過ぎ、山を越えて日本海へ向かうルートに入ると、途中で三徳山三佛寺《みとくさんさんぶつじ》の「投入堂《なげいれどう》」の前を通ります。

その昔、役行者《えんのぎょうじゃ》が法力でお堂を小さくして、山に向かって**「えいっ！」**と投げたところ、山の斜面にお堂が建った、という伝説があるほど、あそこにどうやってつくったか、いまだによくわかっていないといわれる不思議な建物です。

50分ほど山道を歩いたら、真下近くで参拝することもできるみたいです。いや、行きませんでしたけど。

里では桜が咲いているというのに、佐谷峠《さたにとうげ》の周辺では、まだなんと、雪が残っていました。日本列島の自然ってすごいですね。

日本海にでると、そこは因幡《いなば》の白ウサギ伝説で有名な白兎《はくと》海岸です。

海に浮かぶ隠岐《おき》の島に住み、因幡の国へ渡ることに憧れていた1匹の白ウサギが、ある日、サメたちに「何匹いるか数えてやる」と言ってだまし、飛び石代わりに陸地まで渡ろうとしたところ、あと1匹で陸、というところで、ポロッと本音を言ってしまい、怒ったサメに皮をはがれて、通りかかった大黒《だいこく》さんに助けられた、というお話ですね。

山のほうには、ウサギが真水で身体を洗ったという池がある、白兎神社があります。隠岐の島から陸地までは、岩が点々とつながっています。それがサメのように見えるところからこの伝説がうまれたのでしょうか。


定番の鳥取砂丘観光をしてから、市内を流れる袋川沿いの並木道で満開の桜を愛で、日本の桜100選にも選ばれている鳥取城跡・久松《きゅうしょう》公園の桜もパチリ（1県1サクラに認定）。

ふう、やっと、ここで、今日も**遅いお昼**にします。

ところで鳥取の名物ってなんでしょう？ 冬ならまちがいなくカニだと思うのですが、いまの時期、カニはないよね……

ちょっと調べたところ、**鳥取はカレー大国**なんだとか。

らっきょうが鳥取の名産だからか？ と思ったのですが、お

どないしてつくったんやろ？
ほんまほんま
山の斜面に建つ投入堂

白兎（はくと）海岸

店の人にきけば、鳥取県は共働きが多く（２０１８年調べでは全国第６位）、作り置きして保存がきくカレーが昔から好まれてきたそうです。

市内の喫茶店「木の香り」のカレーは、自分で好きなだけテーブルの上のスパイスを入れるという薬膳カレーでした。あれもこれも、と入れていたら、かなり辛くなってしまいました。でもおいしい。

ま、カレーは日本全国、日本国民、ほとんどみんな好きですけどね！

今夜は日本海から太平洋まで移動して兵庫県に入り、瀬戸内海に面する相生《あいおい》の道の駅「あいおい白龍城《ペーロンじょう》」で車中泊します！

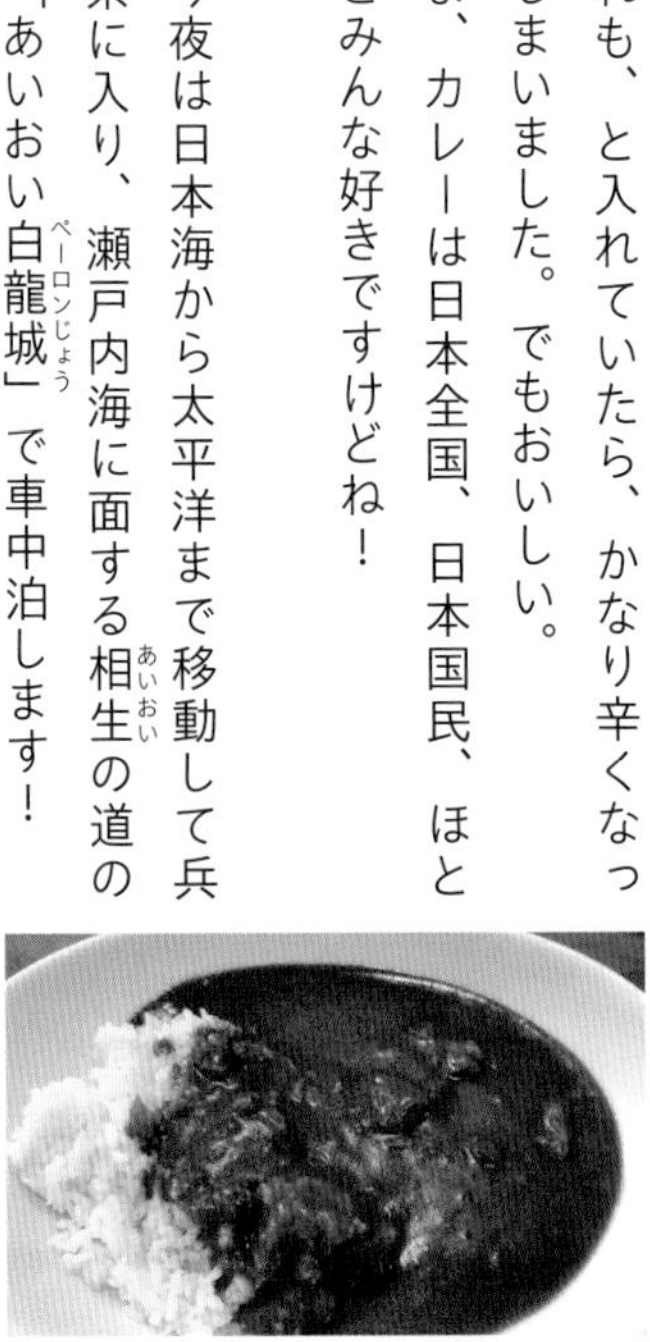

旅の情報

「思っていたより狭い」と言われがちな砂丘だが、よく手入れされ、保全されていると感じた。今回行けなかったが砂の美術館にもぜひ行ってみたい。久松公園は豊臣秀吉の兵糧攻めで有名な鳥取城跡地の一部。鳥取県は人口減少化傾向が顕著で、日本で最も人口が少ない県。伯耆富士とも呼ばれる大山など魅力的な場所も多いので、がんばってほしい。この日の走行距離１５１・２㎞。

1県1サクラ　姫路城

17県目

兵庫
Hyogo

ハイカラ神戸、兵庫県広し！

夕べ、車中泊した「あいおい白龍城《ペーロンじょう》」は、すごく変わった道の駅でした。まず目の前が相生湾《あいおい》の海で、道路を挟んでスーパーのマックスバリュ、和食さと、マクドナルドなどがあり、遅い時間まで食事をとることができます。中国から伝わったペーロン（龍船競漕）にちなんだ、ど派手な中国風の建物の2階には天然温泉のペーロン温泉が夜10時まで営業しています。もちろん入りました。なんて条件のいい道の駅！　朝マックでごはんをすませ、車で30分走れば、**世界遺産・姫路城**に到着です！

姫路城は江戸時代の慶長年間、日本独自の城郭建築技術が最高峰に達した時期に建てられた、最も完成度が高い城だと言われています。法隆寺と共に、日本ではじめての世界遺産に認定されました。白鷺《しらさぎ》（※地元の人は、はくろ、と呼ぶらしい）城とよばれる真っ白な姿が、青い空と桜に映えて、きれいです！

姫路の出版社・金木犀舎《きんもくせいしゃ》の女性社長が、姫路城までてくてく歩いて激励に来てくださいました！　この旅を一緒に面白がって、最初からサポートしてくれています。

ところで兵庫県というところは、関西の人間にとっては、冬場に香住《かすみ》などに**カニを食べに行く**ところ、あるいは有馬《ありま》温泉などの**温泉リゾートに行くところ**として、日頃から大変お世話になっている県なのですね。

というわけで、兵庫グルメとしては第一義的にはカニ推しなのですが、カニは季節があるので、なんにしようか悩みましたが、明石《あかし》のタコの「明石焼き」を食べに行くことにしました。たこ焼きとの大きな違いは、出汁につけて食べるところです。

明石の魚《うお》の棚《たな》商店街のなかにある「たこ磯《いそ》」では、明石焼きではなく「玉子焼」が名称なんですね。タコとともに兵庫のもう1つのグルメ食材である、あなごが入ったメニューがあります。タコ・あなごのミックスを注文しました。

明石焼きは卵がたっぷり入っていて、柔らかくフワフワなものが多いですが、ここのはわりとよく焼いて、表面がかりっとしているのが特徴です。でもなかはトロトロ。うま～。

さて、最後に、兵庫といえば、やはり**神戸**を外すわけにはいきません。

玉子焼（明石焼き）1人前15個

神戸・南京町（なんきんまち）

エストローヤルのシュークリーム
神戸に来るとついスイーツ気分になる妻

近づいてきた神戸の街には、もちろんいろいろな観光スポットがあるのですが……インスタ映えでいうと、だんぜん、中華街の南京町《なんきんまち》です！ 横浜、長崎と並ぶ日本3大中華街の1つで、JR元町駅から徒歩5〜6分のところにあります。

レストランに入って飲茶《ヤムチャ》や本格中華するもいいし、小籠包や北京ダックなどを店頭で買って食べるのも楽しい。でも、本日、中華街に来といてなんなんですが、妻はスイーツが食べたいっ。中華まんじゃなくて「エストローヤル」のシュークリームにかぶりつきました（笑）

さて、今夜は、これからきゃん吉を走らせて京都の自宅に戻ります！ 大阪、京都、滋賀、奈良、和歌山、三重などの近畿は、自宅泊してまわることにしました。

今夜は久しぶりに自分の布団で寝るぞー！

旅の情報

兵庫県は、日本海から太平洋（瀬戸内海）まで跨がる唯一の県。面積も関西・近畿地方ではトップ。カニ漁で有名な香住漁港などの日本海沿岸部から、城崎温泉、有馬温泉・六甲を有する自然豊かな山間部、太平洋岸に面した国際都市・神戸まで、多彩な表情を持つ。中国自動車道と山陽自動車道を南北に結ぶ播但道が走る。この日の走行距離143㎞。

第3回

フーフ会議 自宅の快適さが身にしみる件について（in 京都）

兵庫を終えると、そのまま京都の自宅に飛んで帰った２人。半月ぶりにのんびりくつろぐ妻の横で、近畿一円を自宅から“日帰りでまわるコース”を作成中のオット。

「ああー…やっぱり自宅はエエわ……」

「１日１県ペースのはずが、今のところだいぶ遅れをとってるからね。勝手知ったる近畿圏でなんとか取り戻したい！」

「自宅から日帰りでまわるって、ちょっとイレギュラーというか、ルール違反っぽいけどね」

「桜前線がすごい勢いで北上してるから、そんなことも言ってられないな。大切なのはルール遵守か？ それとも45都府県制覇か？」

「その２択やったら、もちろん後者！」

「よし。どうも和歌山はすでに桜が終わりかけてそうだから、早く行かねば」

「紀伊半島、南紀和歌山は近畿でいちばん早く春が来る場所やもんなあ」

「というわけで、明日から、大阪＆和歌山、奈良＆三重、滋賀＆京都を１日２県ペースでまわって、一気に遅れを取り戻そう」

「近畿圏なら行ける気しかしない！ きばっていこか！」

「自宅で数日寝たら、体力も回復できそうだしね」

「やっぱり自宅のお布団はサイコー！」

「ワンシーズンで制覇する、ってあちこちに言いふらしてなかったら、たぶんここで断念してるな。“続きは来年にしよっか”って」

「絶対にそうしてた。それにしても、日本列島の桜がこんなにも一斉に咲くとは思ってなかった」

「よく考えたら日本列島は、中国・近畿・東海・関東地方はほぼ横一線で東西に広がっているからなあ」

「しかも、咲き始めから散り始めまでの開花期間（お花見期間）は約２週間ある、って聞いてたのに、それが今年は１週間！ ってどういうことよ？」

「とにかく不要な荷物はここで自宅に下ろし、寒さ対策の毛布を積んで、北陸へ！」

「後ろ髪ひかれるけど、もう１度自宅に別れを告げることにしよう！」

1県1サクラ　大阪城

やっぱ好きやねん、オットの地元・大阪

ついに大阪です！　オットの生まれたまち、たいがい地元です。思えば大阪の南港を夕方、フェリーで鹿児島に向けて出発したのは3月21日のコトでした。あれからはや19日が経過。ここまでいろいろありました。

夕べは神戸から京都の自宅に戻り、久しぶりに家の布団で寝ました。しばらく、自宅をハブにしてまわることにします。

と・こ・ろ・が、

大阪・京都の桜が、散り始めています！　これはヤバイ……大阪城も散り始めていました（泣）。昨日の姫路城はそこそこ満開だったのに。天守閣のある本丸広場は、もともとそんなに桜の木は多くないのですが、お堀周辺の並木は、本来ならもっと綺麗だと思うのです。

本丸広場には、ミライザ大阪城という建物があります。戦争中は軍（第4師団）の司令部があったという戦争遺産であり、歴史的建造物です。なかにはおしゃれなカフェなどがあり、大阪らしいKONAMON BARでちょこっとサイズのたこ焼きを注文しましたが、なかなかグッドなお味でした！　時間がない人、大急ぎで大阪観光したい人は、なんなら、道頓堀《どうとんぼり》まで行かなくても、大阪城を見学して、ここで「たこ焼き」をクリアしておくのは、ありと思います。

さて、大阪でもう1カ所、オットと妻が大好きな場所が**万博記念公園**です。

妻は1970年の大阪万博のとき、まだ小学生でした。学校からと家からとで計2回、万博に連れていってもらい、広すぎる万博会場、斬新すぎる**太陽の塔**のデザインに「なんじゃ、こりゃ！」とドギモを抜かれました。万博に行くことは当時の日本人にとっての一大イベントで、いつ行くか、何回行くか、国民みんなの関心事でした。

「人類の進歩と調和」が大阪万博のテーマでしたが、多くの日本人は家から持参してきたお弁当のおにぎりを片手に、万博内で買った、当時としては珍しいコーヒーを片手に、これぞまさしく「進歩と調和」の味だ、なんてニュースでうまいこと言っていましたが、実際はアメリカ館、ソ連館などの人気のパビリオンに入るのに、2時間3時間待ちはザラで、行列をつくって

ミライザ内のたこ焼き（6個）680円

お堀に浮かぶ木の舟が、たこ焼きにも似て……

ひたすら待たされ続けて、くたびれはてて、「進歩と調和」ならぬ、**「シンボウ（辛抱）とチョウダ（長蛇）」**の一大祭典！なのでありました。

いまでも太陽の塔の前に立つと、あの頃の熱狂がよみがえります……。

夜も更けてくると、燦然《さんぜん》と輝く大阪を象徴するもう1つの塔、**通天閣**《つうてんかく》がライトアップされます。**ソース二度づけ禁止**の串かつ「だるま」は通天閣の目の前。

二度づけ禁止ソースは現在、コロナのため中断されており、個々に上からかける方式になっていますが、希望すれば有料で「二度禁」スタイルのソースにしてもらうことができました。

うーん、やっぱ好きやねん！大阪は、これです！

旅の情報

観光スポットとしては、やはり秀吉が築いた大阪城は外せない。巨大城郭を有する数少ない名城であり、全域が大阪城公園になっている。大阪庶民の味といえば、タコ焼き、お好み焼きなどの「粉モン」と、ソース二度づけ禁止の串かつ。大阪駅近くの新梅田食道街に行くと大抵の大阪の味が食べられて、昼間から乾杯ができる。この日の走行距離１０３㎞。

1県1サクラ　紀三井（きみい）寺

19県目

和歌山
Wakayama

陽光まぶしい南紀の桜は早かった！

暑っ！

和歌山に入ったとたん、まぶしい陽光が降り注いできました。さすが和歌山。近畿で一番早く桜が咲きはじめる県です。

……桜、まだ残ってるかな。ドキドキ……

とか言いつつ、とりあえずはグルメからスタートです。

和歌山ラーメンの老舗、「井《い》出《で》商店」はＪＲ和歌山駅近く。偶然にも煮込みすぎたことから生まれたというコクのあるスープのラーメンに、**早すし**と呼ばれる押し寿司を好きなだけ頼んで、食べることができます。

早すしとは、和歌山の郷土料理「なれずし」が１カ月以上かけて発酵熟成させるのに対して、酢飯とサバなどの具を１日だけ酢でしめた押し寿司で、食べやすい小さなサイズに仕立てられています。これを食べながらラーメンを待つ

和歌山ラーメンと早すし

のが和歌山ラーメンの流儀。**さっぱりとした早すし**と、**こってりとしたラーメン**の組み合わせが絶妙です。

さて、和歌山で桜を探して目を付けたのは紀三井寺《きみいでら》です。西国観音霊場二番札所で、見た目に、かなりインパクトがあるお寺です。山の上に浮かぶように建っている本堂、仏殿までは石段を上がって登りますが、なんとケーブルカーで行くこともできます。

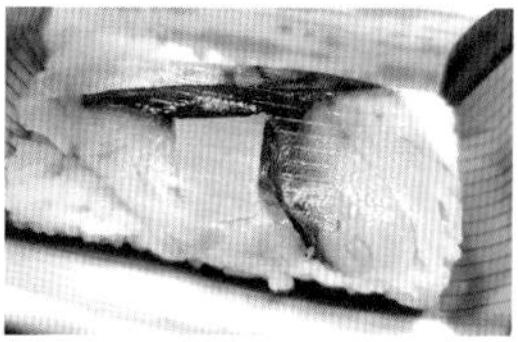
早すしはひと口サイズ

どちらにしても桜が、~~美しい~~**惜しい！**完全にピークを過ぎています。これで満開だったら、もっとステキだと思います！悔しさを紛らわすため（?）、満開桜写経というのに挑戦することに。45県の桜が見られますように、事故なく、病気せず、無事に青森・弘前《ひろさき》までたどり着けますように、と願いを込めて写経させていただきました。

写経ははじめてでしたが、般若心経全文とかではなく、これは十句観音経《じっくかんのんぎょう》だけで、短時間で完成。最後に祈願したい内容を書き、奉納します。５００円でした。

門前の土産屋では、懐かしさに惹かれて、ドライブのお供に

ポルトヨーロッパ

「那《な》智《ち》黒《ぐろ》」飴を買いました。子ども時代によく食べていた、黒糖でできた真っ黒な飴です。北欧に「サルミアッキ」という、「世界で一番まずい飴」との呼び声も高いアンモニア臭のする飴があります。那智黒も日本人にはおいしいけど、外国の人にとってはどうなんだろう、なんてことを考えつつ……。

紀三井寺から車で15分、和歌山マリーナシティに初めてやってきました。テーマパーク「ポルトヨーロッパ」に一度来てみたかったのです。ここはよく映画やテレビのCM撮影などで使われていて、ヨーロッパのどこかの国か？と思えるぐらい、作り込みの完成度がわりと高い。カップルがあちこちで撮影大会をしています。いま、コロナで外国に行けないので、海外旅行きぶんを味わうのにはいい場所だと思います。

最後は黒潮市場で晩ごはんを買い出しです！

旅の情報

紀伊半島の南西に位置し、南紀白浜や串本などは近畿の温泉リゾート地としても有名。今回紹介できなかったが、高菜の浅漬けでご飯を包んだ「めはり寿司」も郷土料理として有名。無人島の友ヶ島には要塞などの戦争遺跡があり、ジブリ映画の『天空の城ラピュタ』の世界観、と話題になっている。この日の走行距離122.4㎞。

1県1サクラ　びわ湖バレイ、ロープウェイ山麓駅の駐車場

20県目

滋賀

Shiga

妻の第2の地元、L・O・V・E琵琶湖♡

告白します。実は妻、DNA的にも居住歴的にも、半分、滋賀県人です。

そして滋賀県の桜ナンバー1は、なんと言っても一度だけ行ったことがある**海津《かいづ》大崎《おおさき》の桜**だと思っています。琵琶湖にせり出すようにして咲き誇る桜は絶景です。でも琵琶湖の北端に位置し、行くのにとても時間がかかります（泣）。

滋賀県はものすごくざっくりした地元的感覚でいうと、真ん中に琵琶湖をはさんで湖西エリアと湖東エリアに分かれており、1日1県ペースだと両方行くのは難しいです。

今回、海津大崎は遠いのであきらめるとすると、湖西のびわ湖バレイにするか、湖東の彦根城《ひこねじょう》にするかで悩みました。結局、開花予報を見て、まだ8分咲きというびわ湖バレイに決定。

昨日の和歌山のこともあり、開花予報を日々かなり細かくチェックして、見頃の桜を探すようになったオットです……。

しかし、忘れていましたが、今日は4月の第2土曜！**お花見シーズン**まっただなか！湖西道路は、朝からものすごく渋滞していました。

まずは、高島の白鬚《しらひげ》神社まで。実は近江《おうみ》最古の大社で、全国の白鬚神社の総本宮なんだそうです。琵琶湖に浮かぶ鳥居が目を惹きます。これはもう、間違いなく、修復中で見られなかった広島の厳島《いつくしま》神社のリベンジですね。近江の厳島と呼ばれております。

びわ湖バレイは本来、スキー場ですが、最近はオフシーズンでも山頂まで行くロープウェイを運行させており、「びわ湖テラス」という琵琶湖を足下に眺望できるコジャレたカフェで食事やお茶ができ、新しい観光スポットになっていると聞いていますが、今日はロープウェイはメンテナンス中でお休み。

そのかわりなのか、山麓《さんろく》駅の駐車場が、観桜期間限定で無料でした。つづら折りの道のそれぞれのところにパーキングがあり、山の上へと続いています。途中から車両進入禁止で歩行者のみになっていました。

これは……すごいです……。

眼下に広がる桜の群れのさらに下に琵琶湖と湖岸のまちが見わたせます。反対側に目を移せば、そちらは雄大な比良山《ひらさん》系です。ものすごく広々としていて、開放感バツグンです。

これまでの20県の桜のなかで、サイコーかもしれません。順番つけるなら、S・I・G・A、S・A・G・A、かもしれま

白鬚（しらひげ）神社の鳥居

ここまでの20県の中で
サイコーの景色かもしれない…
SIGA・SAGA…

せん……。

すっかりお腹も空き、琵琶湖大橋交差点角にある、近江ちゃんぽんの「ちゃんぽん亭総本家」へ。全国で70店舗を展開しています。実は妻としては、滋賀グルメといえばダントツ**「鮒《ふな》ずし」**なんですが、**食べられない人が多い**ため、却下（笑）

近江ちゃんぽんは滋賀県彦根市が発祥で、滋賀県民のソウルフード。あっさり醤油系のスープと野菜の種類の多さが何度でも食べたくなる理由のようです。

野菜たっぷりのちゃんぽんで元気をチャージした2人はきゃん吉をJR山科《やましな》駅近くのパーキングに駐車させ、満開情報を信じて、地下鉄で京都市内の平安神宮へと向かいました。続きは京都編で！

近江ちゃんぽん

旅の情報

意外にも琵琶湖が滋賀県全体に占める面積は6分の1。日本列島のちょうど真ん中で、信長に「近江を制するものは天下を制す」と言わしめた交通の要衝。「通過したことのある県」ランキングでは日本一と言われている。郷土食「鮒ずし」はスーパーなどで手に入るので、なかなかディープな食べ物だが挑戦してほしい。この日の走行距離77.7㎞。

1県1サクラ　一目千本（中千本吉水神社より）

21県目

奈良
Nara

一目千本、吉野山で桜萌え。

朝5時、京都の自宅を出発。周囲はまだ暗く、高速道路を走行中にしらじらと夜が明けてきました。

奈良の吉野山へ向かっています！

これまでの道の駅で出会った車中泊仲間のオッチャンや、あるいは秘境の露天風呂で出会ったオバチャンが、みんな口を揃えて言うことには、

「桜は、青森の弘前《ひろさき》か、奈良の吉野」

よっしゃー、ちょっと時期が遅い気がしますが、ここは気合いを入れて、まいりましょう！

しかし。調べれば調べるほど、まず土日はハンパなく混雑するので避けたほうがいい。そして観桜期、自家用車が乗り入れられるのは下千本《しもせんぼん》駐車場（山の玄関口）まで。そこから歩きで中千本《なかせんぼん》まで40分、上千本《かみせんぼん》までは1時間半……。

これでは時間と体力がかかりすぎる……何かいい方法はないものか。

さらに調べると、交通規制が始まるのは朝8時からで、山全体が歩行者天国になるのは9時から。つまり、朝7時に吉野駅

あたりに着いて、上千本まで上がってしまい、そこから中千本に降りて駐車して午前9時までに観光を終えれば、山頂まできゃん吉で行くことが可能だということに気づきました（※ただし、この方法も土日は使えません。また、変更されることがありますので必ず直前に観光協会などで確認してください）。

予定通り、吉野駅に朝6時50分に到着。こんな時間なのに、すでに山の上から尋常ではない量の車がどんどん降りてくるではありませんか！**どうしたことよ！**

知り合いのカメラマンの話によると、夜明けを待って撮影を開始する写真家による第1次ラッシュがあり、頂上が車でいっぱいになるそうです。

さらには、午前8時を過ぎると最初の列車で吉野駅に着いた第1波の人の群れが頂上に到達、車が動けなくなってしまうので、8時までには上千本から降りたほうがいい、と……これは大変です。上千本はちゃっと見てちゃっと降ります。

有名な**一《ひと》目《め》千《せん》本《ぼん》**は、中千本の吉水神社から撮影します。桜は明らかに盛りを過ぎていましたが、なんとか予定通り9時までに観光を終えて、茶店で休憩。ふ――っ。

そして10時前、帰りに吉野駅の前を通りかかったときに見た、駅構内のものすごい人の群れは驚愕でした……。

又兵衛桜は、周辺地域の景色もたいへん美しい

もう1カ所、奈良の桜の名所、大宇陀《おおうだ》の「又兵衛桜《またべえざくら》」（樹齢300年）も見に行きました。

そして奈良といえば、定番の**柿の葉すし**！うれしいサケ、タイ、サバのミックスです。安定のおいしさ。

その後、三重に向かう伊勢《いせ》街道の道中で、御杖《みつえ》村に実家のある友人が、家で待機して紅茶をごちそうしてくれました。ほっこりしました！

吉野の桜が日本1位か2位か、弘前をまだ見ていないのと、吉野がピークを過ぎていたので判断しにくいですが、少なくとも、吉野の、桜の名所としての**圧倒的知名度**と、観光客の**集客力**に関しては、とにかくすごい！ということは認識できました。弘前はなんとしても、満開のときに行きたいものです！

柿の葉すし

旅の情報

紀伊半島の中央にあり、海に面していない内陸県のうちの1つ。古都奈良の文化財や野生のシカで有名な奈良公園、法隆寺周辺の仏教建築物などを含む北部は奈良盆地で広大な平坦地であるいっぽう、南部は大台ヶ原などの急峻な山間部に占められている。中心部の吉野の千本桜は桜の名所として全国的に知名度が高い。この日の走行距離123㎞。

1県1サクラ　三多気（みたけ）の桜

22県目

三重

Mie

桜と一緒にお伊勢まいり！

「棚田まで、歩いて何分ぐらいですか？」

「時間は……わからんな。距離は800メートルや」

距離はたいしたことありませんが、そこそこ息切れがするキツイ坂。前をゆくお2人は「人によっては半日かかる」と言っておられます。

三多気《みたけ》の桜は津市の美杉《みすぎ》町にあり、奈良県から伊勢本街道で三重県に入ってすぐのところにあります。

オットと妻、無言で歩くこと10～15分ほど。棚田が見えてきました。桜もまだ残っています！調べによると三重の桜はすでにほとんど終わっており、ギリギリ咲いていたのが、ここ。棚田と桜のコラボは珍しいです。

三多気の桜へは、駐車場からかなり急勾配の坂道を山に向かって歩きます。もともとお寺への参道なのですね。

びっくりしたのは駐車場で誘導してくれる人がいるのに、駐車料金はとらず、タダだということ。そして棚田に水が張ってあったのは、桜が水に映ってきれいに見えるようにと、地域の人の善意でそうされているとのこと。

つまりここは、**完全に地域ボランティアで運営されている桜の名所**のようなのです。棚田に到着するまでの山道は美しく、とてもステキな場所でした！


三多気の桜から、お伊勢さんまでは車で1時間強。おかげ横丁、おはらい町は平日だというのにあいかわらずの人出です。

オットも妻も小学校の修学旅行は、お伊勢さんでした。赤福餅を買い、意気揚々でした。その当時からあった土産物屋がいまでも同じ場所で営業されているのを見ると、思わず懐かしくなりました。


江戸時代、庶民にとってお伊勢まいりは一生に一度は行きたい場所、あこがれの旅で、お伊勢まいりだけは奉公人でも突然の休暇が許されたのだとか。しかし道中を含めての長旅です。とかくお金がかかるこのイベントを、江戸庶民たちは村単位で「伊勢講」という組織をつくって、積み立てをし、毎年、順番に代表者を参拝に送り出して、全員のぶんのお祓いをもらってくるというシステムをつくって実現させていました。

明治時代になり、急速に衰退した「庶民のお伊勢まいり」に代わり、お伊勢まいり需要を支えてきたのが「修学旅行」でし

伊勢神宮おはらい町通り

最後は二見浦。
夫婦の仲良さの
象徴なので
はずせません
夫婦岩

た。それも戦後は宗教上の理由や多様化により衰退。

それを再び挽回させたのが、まるで江戸時代にタイムスリップしたような、レトロで文化的な町並みを復元させる大規模なプロジェクトだったようです。

お昼は、おはらい町にある「奥野家」で伊勢うどんを食べました。伊勢までの長旅で疲れた旅人の胃に配慮したと言われる、太くてやわらかいおうどんです。ここはやわらかいだけでなく、ダシもしっかりおいしいです。京都のうどんもたいていやわらかいですが、比べものにならないソフト感。胃が疲れている妻にとってはありがたい……！

伊勢うどん550円

旅の情報

お伊勢まいり（お陰まいり）で知られる伊勢神宮とともに発展してきた三重県。日本各地から伊勢街道が続いており、伊勢での宿泊などを世話した御師の存在、地域ごとに組織された「伊勢講」「代参」など、独特の文化を生み出してきた。おかげ横丁、おはらい町へは駐車場が周辺のあちこちにあり、車でもアクセスしやすい。この日の走行距離172・2km。

23県目

京都

Kyoto

平安神宮と生麩生湯葉でかんにんえ、地元・京都。

……最初に謝っておきます。自宅のある京都、身近すぎて、かえってあちこち行けませんでした！　桜にしても観光名所にしても、清水寺や嵯峨《さが》・嵐山など紹介したい場所はたくさんあるのですが、平安神宮へ桜を見に行き、「半兵衛麩《はんべえふ》」で生麩・生湯葉を食べただけで終わってしまいました……ほんまかんにんえ（泣）

平安神宮へはきゃん吉を置いて、地下鉄で行きました。京都市内は、桜と紅葉の時期は大変混雑するので、市バス、地下鉄の利用がおすすめです。醍醐寺《だいごじ》、清水寺、二条城、円山《まるやま》公園など、市内の桜の名所がほぼ終わっているなか、平安神宮だけは「満開」との情報……本当？

妻、平安神宮って、鳥居の前をしょっちゅう車で通っているのに、庭園の神苑《しんえん》に入ったのは、よく考えたら中学生のとき以来でした。

ホントにしっとりと落ち着いていて、京都らしい、いいお庭です。桜も、しだれ桜だからなのか、まだきれいに咲いてくれていました！

旅の途中で京都に戻って、もう、単純に自分が食べたかったという理由で「半兵衛麩」に生麩と湯葉の「むし養《やしな》い」を食べに行きました（予約が必要）。

むし養いとは京都独特の表現で、食事と食事の間に、おやつか軽食のようなものを少し食べるような意味あいです。「腹の虫」を抑える、みたいな。……にしてはしっかりした量がありました（笑）。写真以外にも、くみ上げ湯葉や揚げ物、生麩と湯葉のみぞれ煮など、あと4品出てきます。

むし養い 3,850円

「京都でおいしい食べ物は？」と聞かれたら、妻はやっぱり生湯葉を推します。七味をきかせたきつねうどん（鯖《さば》寿司とのセット）や、鍋焼きうどんなど、ダシがおいしい京のおうどんも捨てがたいですが。
料理屋さんまで行かなくても、もし車中泊・車中メシで京都に来られることがあれば、ぜひそのへんのスーパーに立ち寄り、お豆腐売り場の周辺をのぞいてみてください。必ず、おかずとして生麩や生湯葉が売られているので、だし醤油、または、お刺身みたいにお醤油とワサビをつけてお召し上がりください！

平安神宮・神苑

京都
滋賀
兵庫
三重
大阪
奈良
和歌山
ちょっと
自宅で
羽休め中へ
日本の真ん中
あたりに
暮らしてて
よかった

さて、自宅で中休み滞在したのは、仕事もろもろを片づける必要もあり、身体を休めることにもなったのですが、ひとつには、近畿地方は地形的に、1県ずつ移動していくより拠点（ハブ）を決めて、行って帰ってくるやり方のほうが効率的なのでは？と判断したこともあります。同じ手法が使えるのは、他ではやはり東京・首都圏だと思います。都ってそういう場所にあるのでしょうか。

もうひとつは車中泊旅に必要な荷物の見直しです。正直、鹿児島から京都に戻るまでのあいだ、寝るとき、寒かった！この点については、コラムで（116ページ参照）。

明日の朝、福井に向けて出発です。自宅で英気を養い、**いよいよ後半戦の始まりです！** めざせ！青森・弘前《ひろさき》公園！開花予報は4月22日、満開24日、きゃん吉の到達目標26日……。

旅の情報

794年の平安京遷都から、日本の都として政治や文化の中心地であり続けた歴史都市・京都。京都で「この前の戦争」と言えば「応仁の乱」のことを指すとは有名な逸話。清水寺、嵐山周辺、金閣・銀閣など、京都市内の定番観光のほか、京の台所・錦（にしき）市場も人気。日本三景のひとつ天橋立や伊根の舟屋の景色など丹後地方も見どころが多い。この日の走行距離7.5㎞。

column 04

旅のお役立ちアプリ

桜の開花情報

桜の名所や開花情報はネット上にわんさか公開されていますが、多くが地域（都道府県）別。しかし我々は、今いる場所から行きやすいところ、近いところを地図上でまず確認したい。そこで便利だったのが「Yahoo! MAP」の「全国桜開花マップ」です。全国約1,000カ所の桜の名所やスポットが日本地図上に掲載されています。「Yahoo! 天気」から簡単にアクセスできましたが、5月1日に季節が終わって閉鎖されて泣。

コンビニ・パーキング検索

「ロケスマ」は全国のコンビニ・コインパーキング・ガソリンスタンドなどのチェーン店の位置がわかるアプリ。現在地を中心に施設の位置が表示され、かつ、進行車線側か対向車線側かも読み取れて大変便利でした。

温泉・道の駅

ネットで温泉などの情報収集をするときは、場所の情報（現在地や、明日行く予定の場所から近いところ！）から入れることが重要です。「ゆるーと」は最初に地図が出て、温泉や道の駅の場所が表示され、クリックすると情報が出てくるため、便利でした。

宿泊(やどはく)

宿のネット予約は当日でも可能です。当日の夜になっていても、電話で予約するより「Booking.com」などの宿泊アプリから予約したほうが断然安く宿泊できます。しかし最安値！を謳う一部の宿泊サイトでは、「部屋タイプ」が選べず、自動的に「喫煙」部屋になってしまうことが数回ありました（オットと妻は苦手）。そこでネットで予約確定した後、すぐに直接、宿に電話して（直後でもOKです）確認するとよいです。希望の部屋が開いていたら変更してくれます。

1県1サクラ　越前陶芸公園のしだれ桜

24県目

福井
Fukui

火サスの舞台まで、越前海岸を爽快ドライブ！

京都を朝9時に出発。名神高速道路・北陸自動車道で、琵琶湖の湖東側を一気にすっ飛ばし、福井県・敦賀《つるが》市まで約2時間。今日はまずお昼ごはんからスタートです！

福井でのごはんは、**ソースカツ丼**か、それとも**おろしそば**か……むむ……優劣つけがたいですが、そばはたぶん他の県でも食べる機会があると判断。福井ではソースカツ丼を食べることにしました（でも、福井のおろしそば、妻は大好きです！）。

福井のソースカツ丼のルーツと言われる「ヨーロッパ軒」へ。**カツが3枚**、蓋からはみ出しておりますな。いったん、カツを蓋の上に避難させ、カツに追加のソースをかけて（このソースがうまい！）、じゅうぶんソースを染みこませたあと、再び、ご飯の上に戻すのが通の食べ方だそうです！

おっ？メニューをよく見ると、**カツ2枚にご飯少なめ**、のミニ丼があるじゃありませんか！これは小食女子（？）の妻にはありがたいです！

ソースカツ丼（カツ３枚）

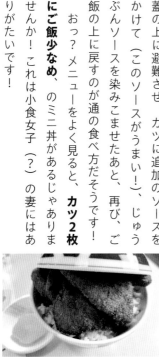

お腹も満タン、ガソリンも満タンで、今日は敦賀をスタート地点に東尋坊《とうじんぼう》まで、越前海岸をドライブします！

〇〇海岸、といえば、どしゃ降りの雨のなかの宮崎・日南《にちなん》海岸ドライブを思い出します……。宮崎では西都原《さいとばる》古墳群の桜を見に行けなかったことが、オットと妻の心に**深い後悔**として残っております（悲）。

越前海岸は、これは**デジャブか？**ここ、**さっきも通らなかったか？**と思うほど、小さい峠を越えるたびに、左側の海には漁港や荒磯のダイナミックな景観が現れ、山側には新鮮な魚を食べさせる料理旅館や民宿が連なる、似た景色が繰り返されます。今日はお天気もよく、ドライブ日和です！

越前海岸沿いにある道の駅「越前」は、海にせり出した露天風呂で有名な温泉施設「漁火《いさりび》」を併設していることで有名です。オットと妻は以前に一度入ったことがありますが、大海原の絶景を望む開放感は他では味わえません。ぜひおすすめします。

福井も市街地の桜はもう終わっているなか、越前陶芸公園のしだれ桜はいまが満開、との情報を得て、見に行きました。

広大な敷地に陶芸作品のオブジェが点在していて、何十本かのしだれ桜の木が、風に揺られてキラキラとなにか音楽を奏で

越前海岸

ているようでした。まるで、童話の世界に迷い込んだような光景でした（1県1サクラに認定）。

さて、越前海岸ドライブの終点は東尋坊！

ジャン　ジャン　ジャァーン♫

ジャン　ジャン　ジャーン♫

そう、ここは**「火曜サスペンス劇場」ラストシーン**で定番の名所なのです。自〇や〇人事件の名所というからには、もっと高い断崖絶壁で、足がすくむような場所かと思いきや、意外と普通な感じ……。

たぶんここから飛び込んでも、すぐに観光船に発見されて、救助されそうです！（笑）

このまま、まっすぐ北上し、石川県金沢市に向かいます！

旅の情報

福井県は南西部で京都・滋賀と隣接し、日本海に沿って石川へとつながっているため、近畿地方からは北陸・日本海沿岸への入り口、という印象が強い。海水浴、魚釣り、マリンスポーツなど、海へ遊びに行く車で週末の湖西道路は渋滞する。辛みダイコンのダイコンおろしをたっぷりとかける「おろしそば」もご当地グルメとして有名。この日の走行距離221・2㎞。

1県1サクラ　兼六園（けんろくえん）の八重桜

25県目

石川
Ishikawa

京都とは別の……京都っぽい町・金沢

朝、金沢駅前のホテルから一歩、外に出たとたん、一陣の風が……

寒っ！ なんじゃこの風は！ 昨日までの暑さはいずこへ？ 桜の季節は気候が不順だということを、今回、イヤというほど思い知らされています。今日は午後から夜にかけて雨も降ってくるという天気予報です。

昨日、一昨日と2日続いた真夏のような暑さで、東北地方の桜の開花予報がまた大幅に早まったそうで、さらに雨が降れば散ってしまう……。焦る2人は、1日1県1桜ルールだったのを、勝手知ったる近畿圏はできるだけ1日2県ペースでまわり、今日も午前・石川、午後・富山の予定。きゃん吉が悲鳴をあげるんじゃないかと心配になるほど走りまくっております。

がんばれ！ きゃん吉！

まずは市内が一望できる桜の名所、卯《う》辰山《たつやま》に行ってみました。金沢のまちが見渡せます。ソメイヨシノはすっかり終わり、道路の溝に大量の桜吹雪の残骸……。八重桜、しだれ桜が少し残っています。この山は本当によく整備されていて、あっちにもこっちもステキな休憩所や庭園や展望所がありました。

次は、金沢観光の定番・兼六園《けんろくえん》！

兼六園は四季折々、いつ訪ねても、見どころのあるように設計されていると聞きます。桜もどうやら、多くの品種を揃えて長い間楽しめるようになっているのか、ソメイヨシノは終わっていましたが、かわりに八重桜が何本も堂々の存在感を放っており、その下で婚礼カップルが、出会っただけでも4組、写真撮影をしておられました。今日はお日柄がよいのですか？

お幸せにー♡

さすが、加賀友禅の本場だけあって、着物姿の女性もちらちら見かけます。長町《ながまち》の武家屋敷跡は、土壁、石畳の景観がわりと広範囲に残っています。人々の暮らしに溶け込むかたちで伝統的な景観が維持されていて、素晴らしいと思います！

……金沢が全国京都会議、小京都を脱会したという話ですが、妻も以前から「小京都」という表現には、なんとなくひっかかっていました。京都が本家で、小さい京都って、どう考えても失礼ですよね。それぞれに独自の文化があるわけだし。金沢に来て、そのことについても少し考えました。

卯辰山三社

長町 武家屋敷跡

昼から富山に行き、夕方また金沢に戻ってきて、金澤おでんで有名な「赤玉本店」でおでんをテイクアウトして、ビジネスホテルでいただきました。

金澤おでんは、車麩という大きなお麩が入っているのが特徴です。一口食べて、ああ、これは、京都の味と似ていて私たちにはおいしく感じるな、と思いました。薄味の白っぽいつゆなのに、しっかりとダシの旨みがきいていて、素材の良さを生かしたおいしさです。

うーん、やっぱり、金沢と京都の文化は共通点が多いんでしょうか？

金澤おでん。左上が車麩

旅の情報

鍵型の能登半島を擁する北陸地方の玄関口。金沢市は加賀百万石の城下町として栄えてきた。兼六園は歴代の加賀藩主が長い年月をかけてつくりあげた江戸時代を代表する廻遊式の大名庭園。今回ありがたかったのが、少しずつ開花時期の異なる品種の桜が園内に配置されており、観桜期間が長いことだった。この日の走行距離50・5㎞。

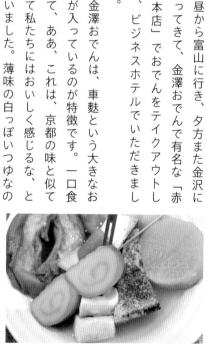

1県1サクラ　氷見・湊川沿いの桜

26県目

富山
Toyama

氷見の海鮮丼がうますぎた件。

改めましてですが、本書は45県の桜制覇をめざしているオットと妻が、きわめて独断的に、自分たちが行ってみたいところに行き、食べたいものを食べており、決して、客観的で公正な観光情報ではありません……。

妻「あかーん！ やってもーた！ 食堂、閉まってる？」

オット「いや。そうとも言いきれんで。まわりを見てみ」

駐車場に数台、停まっている車のナンバーは富山のほか、群馬、岐阜、愛知……えっ⁉

妻「みんなこの店に食べに来てるとしか考えられれん……！」

戸惑っていると、開いたドアから男性が2人、爪楊枝をシーシーさせながら出てきました。

「あの、魚市場食堂、やってますか？」

「うん、やってますよ。そこから2階に上がっていくから、わかりにくいけど」

食堂がある建物

やったー！

ここは氷見《ひみ》漁港。漁港の市場のなかに「魚市場食堂」という店があることをネットで知った妻は、どうしても来てみたかったのです。

でも階段を上がってからも、なお不安……2階もはっきり言って薄暗く、管理事務所ぐらいしかなさそうな雰囲気。

コンテナの向こうに「入口←」と手書きで書かれた看板が見えなければ、店にはたどり着けなかったと思います。

で、頼んだのは、氷見浜丼と氷見海鮮漬丼！

氷見浜丼は、その日の朝にとれた鮮魚を使うため、毎日内容が変わります。今日はスズキにカレイにまぐろにさわらの炙《あぶ》り、ごはんは富山産コシヒカリです。どちらも漁師汁と一品、漬物付き。魚のアラが入った漁師汁は土鍋ごとやってきて、コンロで温めながらいただきます。

あかん。**むちゃくちゃおいしい！**

なんならこの旅で食べたゴハンのなかで、一番おいしい！

特に漬丼は、途中からダシをかけて、ダシ茶漬けにするのですが、……おいしすぎたらしくオットは終始無言でした。

妻の価値観で言えば、車で2時間までの距離なら、わざわざこれを食べに氷見に来るのは、あり！と思います。

氷見浜丼（ちょっこし盛）
1,530円

氷見海鮮漬丼
1,880円

富山は本来なら、黒部ダムか、立山黒部アルペンルートへ行きたかったのですが、本日は昼から確実に雨。あきらめることにして、「氷見漁港場外市場 ひみ番屋街」という、食堂や干物の土産などを売っている人気の道の駅があるよ、と教えてもらって行きました。

そのあとで、まんがロードを訪ねてみました。氷見は2022年4月に亡くなられた藤子不二雄Ａさんのふるさとで、商店街のあちこちにオブジェや絵が飾られています。

もう1カ所、別の場所で桜を探すつもりだったのですが、予想以上のどしゃ降りの雨が降ってきて、結局、1県1サクラも氷見の湊川沿いでゲット。まるっと氷見にお世話になってしまったのでした。

忍者ハットリくんとシンゾウ

旅の情報

県北部はホタルイカで有名な富山湾を囲み、三方を険しい山脈で区切られている。新潟県との県境は、かつて旅人にとって通行の難所であった断崖絶壁海岸の親不知（おやしらず）。長野県境には北アルプスがそびえ、山岳信仰で有名な立山連峰、立山黒部アルペンルートがあり、日本で唯一の氷河が現存している。この日の走行距離50㎞。

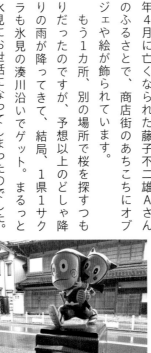

1県1サクラ　城山天守閣展望台から見下ろした白川郷

27県目

岐阜
Gifu

白川郷の桜はこれから、荘川桜はまだ蕾。

カーナビ「この先、6キロ先、トンネル出口です」
妻「6キロって、トンネル長っっっ！」

金沢市から岐阜・白川郷《しらかわごう》へ。高速で1時間少々のこのルートはトンネルが多い、というか、ほとんどトンネルの中なのですが、トンネルを抜けると、山には雪が！　季節が変わっとる!!

さすが日本でも有数の豪雪地帯。

お食事処「いろり」は、白川郷の合掌造り集落の一番端っこにあり、お店の前まで車で行くことができました。

さて、ここで問題です。

「関西の家庭に一家に1台、タコ焼き器があるように、岐阜の家庭には一人に1台、朴葉《ほおば》味噌のコンロがある、という噂は本当か？」

なんと妻、お店の人に聞いてみました。するとどうやら、そこそこ本当みたいです。

座敷で正座して2人で朴葉味噌定食を食べてたら、観光で来られていた日本在住のアメリカ人女性2人に、

「Ｏｈ！　ジャパニーズスタイル！　写真を撮ってもいいですか？」

と聞かれてしまいました。はい。どうもこんにちは、朴葉味噌が似合う夫婦です。

ところで、白川郷の桜はなんと咲き始めたばかり！　このところ、ずーっと散り終わったソメイヨシノばかり見てきたオットと妻は、思わず感動してしまいました……。

白川郷は、**白川郷・五箇山の合掌造り集落**として１９５５年に世界遺産登録。ここは私のふるさとではないけれど、私につながる日本の農村、暮らしと文化の原風景がある、大切な場所だという感じがあります。

どぶろく祭のときなど、以前にも何度か来ている大好きな場所なのですが、世界遺産になってからは初めてです。

白川郷から少し南にある**荘川桜**は、まだ固い蕾でした。

ダムができたとき、湖に沈んでしまった村。村のお寺に咲いていた樹齢５００年の２本の桜の木をなんとか助けたい、村が存在していた記憶を桜に託して後世に伝えたい、という声から、

朴葉味噌定食 1,520 円

荘川桜

大規模な移植工事が行われ、翌春、見事に花を咲かせたという感動的なエピソードをもつ、桜の古木です。

春の高山祭開催中の飛騨高山のまちなみを横目に見て、山を越えて長野県に入りました。さっきまでどしゃぶりだった雨が、どうやら機嫌をなおして止んでくれました。助かりました！今夜は梓川ＳＡで車中泊します。

軽自動車での車中泊の最大の欠点は、ベッドメイキングをするとき、車の外からしか作業ができないことで、すでに雨が降っている時は実質上、車中泊はできないのです。が、ビジネスホテルなどに泊まると、これはまたこれで荷物の積み降ろしがけっこう面倒くさい……。

桜と一緒で、お天気には、どうやっても勝てません！

旅の情報

岐阜は白川郷で石川・富山と接し、木曽路の馬篭（まごめ）宿から妻籠（つまご）宿へ徒歩で行けるルートで長野とつながっている。いっぽう岐阜市内まで行くと愛知県・名古屋の影響力が強く、関ヶ原では滋賀県と接するなど、各方面で多彩な顔をもっている。岐阜は織田信長を出すまでもなく、いまでもどうやら日本制覇の中心地のようだ。この日の走行距離158・4㎞。

第4回

フーフ会議 南下か？東進か？天下分け目の重大決断！の件について（in 岐阜）

「3月21日に自宅を出発し、南九州はまだ咲いておらず、北九州でようやく咲き始め、四国は満開、中国地方も満開……」

「あれ？ ヤバくね？ と思ったのが兵庫県の姫路城だったね。それが翌日の大阪城ではもう明らかに散り始め。近畿はギリッギリ！ セーフ。その後の福井・石川では、遅咲きの八重桜に助けられて……」。

「で、いま岐阜。予定ではこのまま南下して愛知入りし、東海、関東を経て、東北へと向かうつもりだったけど、関東の桜は近畿とほぼ同時期で、もうすでに終わりを迎えつつある」

「このまま予定どおり関東をまわってから、東北へ向かうルートを行くと……」

「今ならまだ間に合う東北の桜のシーズンも終わってしまって、この先すべての県で、ずーっと後追い桜になる」

「……それは、わりとマズいね」

「うん。この旅いちばんの大問題に我々は直面している」

「なんとかしないと。特に何人もが絶賛してた弘前《ひろさき》の桜は、どうしてもベストシーズンに見たいし」

「友人情報によると岐阜の高山から長野の松本に抜けるルートがあるから、ここで南下せずに東へ進路を変えて、長野から群馬・栃木と進んで東北を先にまわるというのはどうかな」

「そしたら東海・関東7県は、ほぼ散り終わってることになるよね」

「そこで考えたんだけど、いま追いかけている桜はソメイヨシノがメインだけど、遅咲きの桜の品種もたくさんある」

「そうか！ 東海・関東では、そういう遅咲きの桜を探すというミッションに切り替えるのも面白いかも！」

「でもそんなに都合よく見つけられるかどうか、確信がないが……」

「そこはそれ、たぶんきっと何とかなる、に違いない」

「天下分け目の決断じゃ！ 東へ進め！」

1県1サクラ　小諸城址懐古園

28県目

長野 Nagano

小諸なる古城のほとり、桜と友ありて、フーフ喜ぶ

夕べ、車中泊した梓川SAはスマートICを入ったところにあり、一度も高速道路本線を通らず、SAだけ利用することができました。

そして、朝から松本城……昨日の雨が決定的な花散らしだったのか、桜はほぼ散っていました（次ページの写真参照）。白川郷の桜がまだこれからだったことに気をよくしただけに、まさに一喜一憂。松本城は、姫路城が白鷺城と呼ばれ、白く優美な姿を誇っているのと対照的に、その黒さが美しさの特徴です。桜が満開だったら、どれほど綺麗だったでしょうか。

というわけで、食に走ることにします。長野といえば、やっぱりそば！

松本市美術館近くの「そば処 浅田」は、自家製粉の手打ち。メニューは、ざるそば（二八そば）1枚900円と、ざるそば（十割そば）1枚1100円、あたたかいきのこそば1300円の3種類のみ。オットと

ざるそば（二八そば）900円

妻による「二八そばと十割そば、食べ比べたサミット」の結果、……そば粉8につなぎ2の二八そばのほうがおいしかったです（あくまで私たちの口調べ）。

姨捨《おばすて》SAで購入した、野沢菜入りと鹿肉入りの「おやき」をおやつに食べながら、長野自動車道で小諸《こもろ》へ向かいます。

小諸なる　古城のほとり
雲白く　遊子悲しむ

この島崎藤村の詩で、小諸の古いお城にあこがれなかった人がいるでしょうか。

オットの同級生が小諸市在住で、この旅のことを知って、小諸城址懐古園など小諸のまちを案内してくださいました！

お城といえば、小高い場所に建てることが一般的ですが、小諸城は日本で唯一、城が城下町より低い位置にあるというお城なんですね。「穴城《あなじろ》」というそうです。

お城の入口である大手門から、本丸に向かって坂をどんどん下っていきます。自然の地形を生かし側面の谷と背後の千曲川《ちくま》の断崖により守りを固めていたと言われています。

後世になって鉄道が通ったため、城への途中で駅の下をくぐります。

桜がほぼ散り終わっていた松本城

懐古園の桜は満開、よかった、間に合いました！（ちょっと葉が出てきていますが）１県１サクラに認定です。

そのあと、飯綱山公園内にある富士見城跡に連れて行ってもらいました。小諸高原美術館も公園内にあります。しだれ桜の向こうには浅間山も見えました！

富士見、というぐらいで、ここからはなんと富士山が見えるというのです。それはなんとしても見たい……！

目をこらしてもオットにも妻にもなかなか見えません。そこでカメラを通して探してみました。ググッと望遠にすると……おお、見えました！

小諸からは上高地を経由して、群馬県草津温泉に向かいます。今夜は草津温泉に泊まります。

旅の情報

長野県のほぼ全域が「信州」と呼ばれる。海のない内陸県のひとつで、群馬・埼玉・山梨・静岡・愛知・岐阜・富山・新潟と8つの県と隣接しており、これは47都道府県中で最多らしいが、山脈に阻まれ直接行き来できない県境も多い。日本の3つのアルプスと八ヶ岳山脈を擁し、県域の8割を山が占める山岳県。土産を買うなら、おやきか、野沢菜がおいしい。この日の走行距離123㎞。

1県1サクラ　憩の森（に佇む可愛いきゃん吉）

29県目

群馬
Gunma

草津よいとこ、一度はおいで……と言われて行ってみた！

♪草津よいとこ　一度はおいで
ア　ドッコイショ
お湯のなかにも　コリャ
花が咲くよ　チョイナ　チョイナ♫

草津温泉の「熱乃湯」で毎日行われている「湯もみと踊りショー」です。草津温泉の源泉は熱く、50度近いものがほとんどでそのままではお湯に入れないため、昔からお湯を冷ますために行っていたのが、この湯もみなのだそうです。

草津温泉は初めて来ました！（関西からは遠いしな！）さまざまなランキングで、**常に日本の温泉地の上位に入る草津温泉。**実際に来てみて、なぜ人気なのかがわかる気がしました。ここは日本の古きよき温泉街が伝統的に守ってきた良さと、新しい観光施設としての便利さ、そのどちらをも備えています。まち全体に活気があり、地形

草津温泉 湯もみと踊りショー

的に谷間に位置しているためか、坂や階段を上り下り、浴衣姿でぶらぶら散策するのにちょうどよい規模です。

そして温泉地で栄えているところには必ずある、**まちのヘソ**のようなところ、中心があります。草津温泉では湯畑《ゆばたけ》です。どこに泊まっている客も必ず一度はここにはやってきます。

まちなかには無料で入れる共同浴場が3カ所あり、オットと妻は共同浴場の1つ、湯畑近くの白旗の湯に入りました。共同浴場特有の温泉情緒もあり、整備もされ、泉質も含め、とてもいいお湯でした。「あがるねー」と声をかけると男湯のオットに届きます。

日本の多くの温泉街が衰退し、かつての活気を失い、西の「湯快」と東の「大江戸」がどすこい、どすこいと競っているなかで、草津温泉のパワーはちょっと意外でした。

湯上がりでぽかぽか湯気が出ている間に、オットと妻は伊香《いか》保《ほ》温泉へ向かいます。伊香保温泉を代表する景観は、まちを貫いて頂上の伊香保神社まで続く石段街です。365段……こんぴらさんを思い出させます。

さて、肝心の桜ですが、草津温泉はまだ早く（寒かった）、伊香保温泉ではすでに終わっている（暑かった）という……で

草津温泉の湯畑。源泉が湧き出ている

足湯ならぬ顔湯
目にいいらしい
顔湯
草津温泉にて

も、伊香保温泉近くの水沢街道にある「憩《いこい》の森」でなんとか見ることができました（1県1サクラに認定）！

この街道は水沢うどん街道とも呼ばれており、讃岐うどん・稲庭うどんと並んで日本3大うどんの1つとされている水沢うどんの店が何軒もあります。オットと妻の心はグラグラとゆれましたが、今回、2人がお昼に選んだのは、同じうどんでも「おっきりこみ」という郷土料理。

きしめんよりもっと幅の広い太麺を、切りながら入れていったところからその名前がついたということですが、麺と季節の野菜を煮込んだ、やさしい味の煮込みうどんに、群馬のふるさとの奥深さを感じました！

「ふる里」のおっきりこみ 750 円

旅の情報

今回は長野県の小諸から群馬県の草津温泉へ、軽井沢を経由して山越えした。草津温泉は有馬温泉、下呂温泉とともに「日本の三名泉」と謳われている。水沢うどん街道は伊香保温泉から前橋市に抜ける街道沿いにあり、水澤観世音（水澤寺）の門前1・5㎞ほどの間に十数軒の水沢うどんの店が建ち並ぶ。この日の走行距離132・6㎞。

1県1サクラ　日光東照宮・徳川家康公墓所

30県目

栃木
Tochigi

やむなく家康公に泣きついた、雨の栃木

関西人の妻には、これまで縁のなかった場所なので新鮮です。

栃木　と・ち・ぎ。

宇都宮市は、県庁所在地にして栃木最大の都会だそうで、地元っ子のことを「宮っこ」と言うらしいです。

宇都宮に入ったとたん**「うつのみや〇〇」**の表示がやたらと増えます。そんな「うつのみや〇〇」のなかで、**ダントツ全国区**でその名が売れているのは、なんと言っても**「宇都宮餃子」**ではないでしょうか！

ＪＲ宇都宮駅の近くには「餃子通り」があり、宇都宮餃子の店が軒をつらね、「宇都宮餃子マップ」なるものもありました。オットと妻は、すでにネットをチラ見して、「宇都宮みんみん本店」に行くことを決めていました（京都の人間は「天下一品」ラーメンの影響からか、どうも**本店を聖地化**する傾向が強いです……）。

行ってみると、長蛇の列！しかもほとんどの車が県外ナンバー！県外からの来訪者に人気が高い店なのでしょうか。

行列に並んで30分待ちでテイクアウトして、宿で（この日はビジネスホテル泊）長野で買った野沢菜とともにビールで乾杯したところ、文句なしに、オットと妻がこれまでの人生で食べた餃子のなかでもしかして一番？というぐらいおいしかったです。新鮮な野菜と肉、そしてまず皮がおいしい！

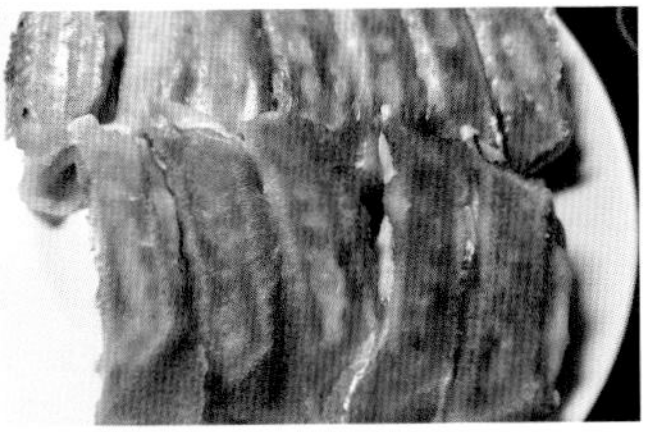
「宇都宮みんみん」の焼餃子（２人前）

さすが、宇都宮餃子……。

さて、宇都宮市内の桜はもう完全に終わっています。宇都宮から日光へと向かう日光街道桜並木は16kmにわたる**桜ロードが全国屈指の規模で続いている**……はずでしたが、たまに1本、2本、遅咲きの木が残っているだけ。満開のときはどれほどきれいだったんでしょうか（泣）

木（気）を取り直して、

そうです！栃木と言えば、世界遺産・**日光東照宮**《にっこうとうしょうぐう》！

徳川家康公がまつられており、極彩色の寺院建築と杉の古木の緑が独特の世界観を醸《かも》しています。

雨のなか、傘をさし、左甚五郎の三猿「見ざる聞かざる言わ

「見ざる聞かざる言わざる」と同じ建物（神厩舎）には、２人で力を合わせ人生の荒波を乗り越える夫婦の猿の図が。いま、めっちゃ、ささる……

ざる」を探し（これはすぐにわかりました）、次は「眠猫《ねむりねこ》」をめざし、てっきり階段の上だと思って、２００段の階段を登って、奥の院の家康公の墓所までお参りしてしまいました（謀《はか》られたか?）。実際は階段をのぼる手前の門の頭上におったのです。いや、小っさいわ……。

予定ではこのあと、奥日光・中禅寺湖まで、いろは坂を通って桜をハンティングしに行くつもりでしたが、雨がどんどん強くなり……やむなく（雨もやむなく）１県１サクラは家康公にお頼みすることにしました。

福島へ向かいます。今日は磐梯山《ばんだいさん》ＳＡか、道の駅「あいづ湯川・会津坂下」で車中泊する予定でしたが、雨のため、また宿泊《やどはく》に変更です。

日光を見ずして、けっこう（結構）と言うな。

小雨はけっこう（決行）、でももう降るな！雨！

旅の情報

県庁所在地の宇都宮市は、県の中心に位置し、県の人口の4分の1にあたる50万人が住んでいる。「日光を見ずして結構と言うな」で有名な日光東照宮は宇都宮から北へ車で約1時間。日光街道は江戸から日光までを結ぶ１４０㎞の街道で、宇都宮市から日光までの約16㎞が桜並木として有名。この日の走行距離１３９㎞。

column 05

車中泊か宿泊か。誤算！ 桜の時期は寒い

今回の旅のなかで、フェリー２泊、自宅を拠点に近畿をまわったのが６泊。車中泊ができたのはけっきょく13泊で、あとはビジネスホテル、ユースホステル、温泉宿の素泊まりなど宿泊《やどはく》でした。仕事でテーブルが必要だったり、運転続きで今夜はどうしても疲れた、という日もありましたが、「今日は車中泊できない」という圧倒的な理由は、「雨」と「寒さ」でした。

きゃん吉（ムーヴキャンバス）は基本的に車の外からベッドメイキングする必要があり、午後４時の時点で雨が降っていたり、夜半にかけて雨の予報が出ていると「車中泊はムリ」と判断しました。また、車内が寒い、歯みがき・トイレに行くときに外が寒い、というのは結構心が折れます。コタツが欲しいと何度も思いました。つくづく桜が咲く季節は夜はまだ寒く、小雨や強風の日も多くて気候が不安定だ、ということを思い知らされました。車中泊を楽しむなら、もう少し暖かい季節のほうがいいかもです。

いっぽう、当日夕方でも宿がとれるのか？ ですが、これは意外と大丈夫でした。観光案内所で紹介してもらったり、直接、電話をかけたこともありますが、ネットからの当日予約がダントツで便利です。それに、もし宿が見つからなければ車中泊という手段があるわけで、宿探しもわりと気楽です（笑）。なかにはツイン１泊朝食つきで２人4,980円！という驚異の安さのビジネスホテルもありました。駐車場の有無や位置（ホテルから歩くかどうか）は要チェックです。

お世話になったおもなホテルは、アルコール無料などサービス満点で温泉・サウナもあり快適極まる「ドーミーイン」、施設がひととおり整っている「アパ」「東横イン」、当日だとキャンセル出るのか、意外と取れるもんだね「湯快」に「大江戸」――などがあります。

1県1サクラ　会津武家屋敷。福島は桜咲きまくり！

31県目

福島
Fukushima

ならぬことはならぬもの。歴史に触れつつネギかじる

夕べは雨につき、急きょ大江戸温泉物語東山グランドホテルに宿泊したオットと妻。

毎日その土地その土地のおいしいものばかり食べてるような感じのことを書いていますが、**朝と晩ごはんはめっちゃ質素。**昨晩は一泊二食バイキングで盛大に飲んで食べて、いつもの食生活とのあまりに違いに、お腹が少々驚いています（すぐ体調に変動がくる世代）。

福島の会津若松に着いたとたん、**まちじゅうに桜が咲いていてテンション爆上がり、狂喜乱舞です！**ここにきて、ようやく桜前線に追いついたのでしょうか！

最近、ネット調べだけでなく、観光案内所や現地に直接電話をかけて、桜の開花情報を確認しているオット。ネット上では「散りはじめ」と書かれていても、電話では「桜？もう終わってますよ」と言われてガッカリすることが多かったのが、「いま満開です！」との返事がかえってくると、思わずガッツポーズです。

会津武家屋敷は、東山温泉を出てすぐのところにありました。ここは見取り図が残されていた会津藩の家老の屋敷を忠実に復元させた歴史ミュージアム。そのあまりにも広い邸宅、それぞれに役割を定められた部屋の配置など、リアル武士の生活に興味津々でした。敷地内はとにかく桜が見事だったので、1県1サクラに認定です！

会津で次に訪れたのは飯盛《いいもり》山。有料の動く坂道、スロープコンベアで山の上まで上がります。

幕末維新、戊辰《ぼしん》戦争のとき、会津の武家の男子（16〜17歳）を集めて結成された少年部隊・白虎隊の隊士たちは、敵に追い詰められ、玉砕か、鶴ヶ城への帰城かを迷い、この山で鶴ヶ城を見ながら自刃したという、悲しい物語を秘めた場所です。

というわけで、えっ、どこ？どこに鶴ヶ城が見えるの？とその場に居合わせた者みんなで視力検査がはじまるのですが、結構遠い。あらかじめ位置を知っていないと、肉眼で発見するのはなかなか難しいようで……（このあと、実際に鶴ヶ城もちゃんと訪れました。さくらまつりの真っ最中でした）。

そして、飯盛山のもう1つの名物が、**摩訶不思議な建物、さざえ堂**です！

鶴ヶ城をのぞむ白虎隊士。
遠いね……

摩訶不思議な建物、
会津さざえ堂

ネギを丸かじりしつつ、箸がわりにソバを食べる。意外とイケる！
大量の花がつお
会津そば
このお米うま～♡
わっぱ飯

こんなけったいな建物を見逃すわけにはいきません！　世界的にも珍しい建築様式だそうで、ぐるぐると上まで上がると、今度はぐるぐると下っていくのですが、さっき上がってきた道ではなく、裏側の別の出口に出ます。つまり二重螺旋《らせん》構造になっているのですが、一体どうやってつくったんでしょう？？？

昨日の豪遊でお腹はあんまり空いていなかったのですが、お昼は古い民家を食事処にされている「田季野」で、郷土料理のわっぱ飯と会津そばを2人で分けて食べることに。わっぱ飯は木の弁当箱にご飯や食材を入れて、ほかほかにあたためた料理です。具もさることながら、なによりもご飯そのものがおいしい。会津そばは、かつおぶしがたっぷりかかった冷たいおそばを、ネギを丸かじり（！）しながら食べます。

雪を抱いた磐梯山《ばんだいさん》に見送られて次へ向かいます！

旅の情報

南北方向に延びる阿武隈高地と奥羽山脈によって、福島県は西部の「会津」、中央部の「中通り」、東部の「浜通り」の3つの地方に分けられ、気候・交通・歴史など、さまざまな面に違いが顕著。東北地方にはどの県にもその土地を象徴する山があるが、福島県のシンボルはなんといっても磐梯山。この日の走行距離55・7㎞。

1県1サクラ　麒麟山（きりんざん）公園

32県目

新潟
Niigata

米どころ、酒どころ新潟の酒は飲め飲め！

新潟に来たのはオットも妻も初めて。**佐渡《さど》とか親不知《おやしらず》とか清津峡《きよつきょう》とか行きたいなー**……など、思いつくまま言いたい放題の妻でしたが、新潟県の面積の広さを改めて知り、愕《がく》然。

しかも、都に近い南のほうが上越で、その北が中越で、その北が下越だということも知りませんでした。てっきり逆だと思い込んでおりました（恥）。

今回は会津から入り、山形へ抜けるルートを走行します。麒麟山《きりんざん》は福島との県境近く、阿賀町にあります。お酒の銘柄にもその名がありますね。川沿いの桜が満開で、アウトドアを楽しんでいるグループもチラホラ。山と川と桜と、大自然に癒《いや》されます。

ところでこの麒麟山には不思議な言い伝えがあります。昔から、この山には狐《きつね》がたくさん住んでいて、ピカピカ光る不思議な光、狐火が見えるというのです。川霧が発生する影響だと言われていますが、いくつも連なって移動していくように見えることもあり、古くから「狐の嫁入り行列」だと言われていたそうです。狐火が多い年は豊作になったのだとか。町には、「狐の嫁入り屋敷」もあります。

さて、新潟でぜひとも食べたかったものが、**へぎそば**。初体験です！　小麦粉の代わりに布海苔《ふのり》をつなぎに使ったおそばです。ネットで調べていると「へぎそばは飲み物だ」という記述が。ん？　どういう意味？

お昼になると地元のサラリーマンでいっぱいになる、新潟市の「小嶋屋総本店 小針店」に行くことにしました。そして「飲み物」説に納得！　歯ごたえはしっかりシコシコなのに、のどごしがツルッツルなのです。たしかに喉を滑っていきます。

が、胃腸の弱い妻は、よく噛み噛みすることにしました。確かに美味しい！

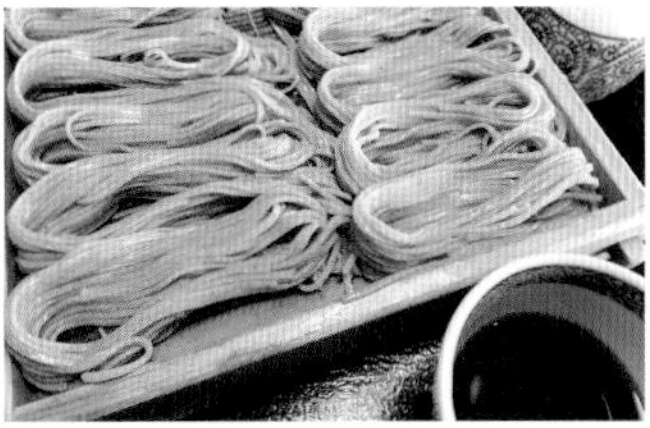

「小嶋屋総本店」のへぎそば

昼食後は道の駅「新潟ふるさと村」へ。もともと地域振興のために建てられた「新潟ふるさと村」が、のちに道の駅としても登録されたようで、バザール館、アピール館、チューリップ畑などがある大きな施設の集合体です。信濃川の水上バス（ウォーターシャトル）乗り場もあります。

広大な「新潟ふるさと村」

バザール館では物産販売やフードコートもあり、そのなかでオットと妻が注目したのは、90以上もある新潟の酒造メーカーがこぞって出品しているという新潟の酒コーナー！

新潟の酒といえば、まず「越乃寒梅」を思い浮かべますが、「八海山」も「久保田」も「〆張鶴」も、みんな新潟なんですね。ほかにも知らない銘柄のおいしいお酒がいっぱいありそうです。おっ、酒売り場の奥に**「にいがた酒BAR」**なるカウンターが……なんてステキな道の駅。今日はここで仮眠をとる予定なので、かるく一杯いっときましょう！

うーん、めちゃめちゃ旨し！　これはもう、エリア別のワンカップセット〈厳選詰め合わせ〉もお買い上げです！

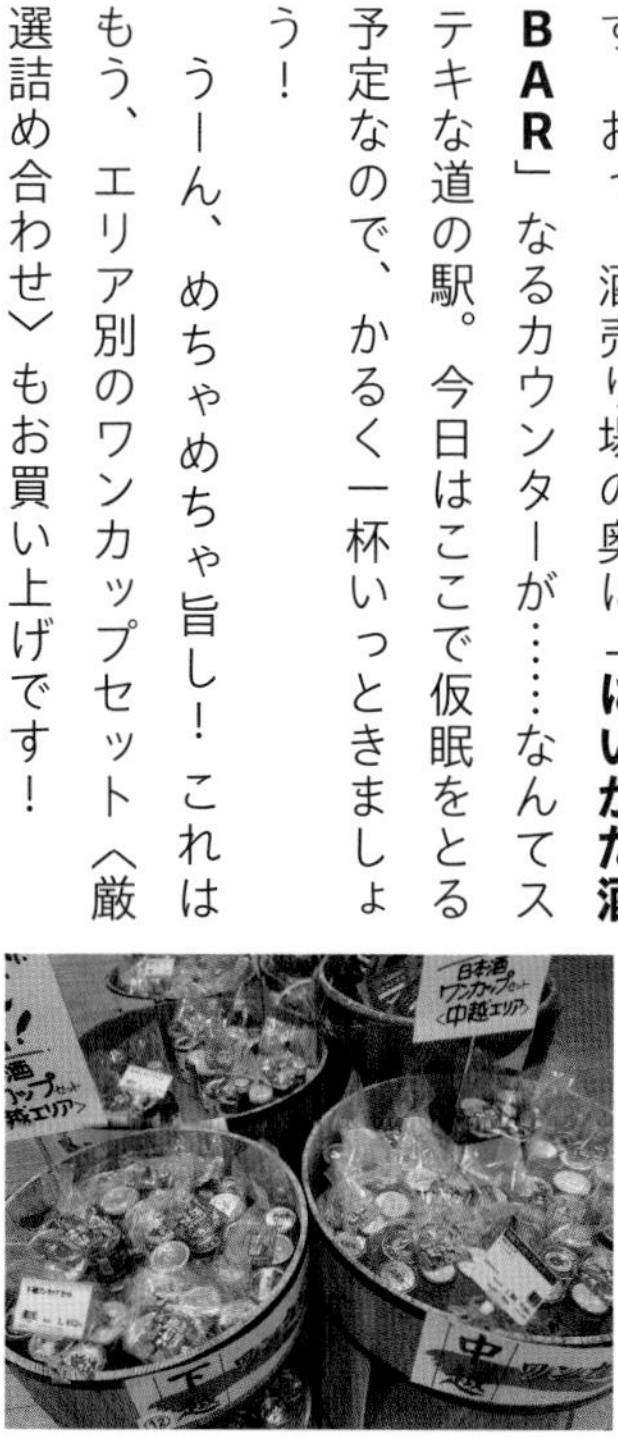
エリア別のワンカップセット

旅の情報

当初、妻が行きたいと思っていた「佐渡・親不知・清津峡」。佐渡は島なので、1日だけで訪れるのは難易度高め。親不知は古くから交通の難所として知られた日本海岸沿いの断崖絶壁エリア。正式名は「親不知子不知（おやしらずこしらず）」。清津峡は国の名勝・天然記念物にも指定されている大峡谷。全部ムリだった。この日の走行距離144.1㎞。

1県1サクラ　桜まつり開催中の日和山（ひよりやま）公園

33県目

山形
Yamagata

北前船の歴史ロマンあふれる酒田のまち

新潟から海岸線を北上、山形県に入りました！　県境を越えて、次の県の標識が見えると、いつも2人でハイタッチして喜び合います。

酒田市は海運水上交通が重要な役割を担っていた江戸時代、北前船などの商廻船の拠点として栄えたまちです。

まちの中心には荷積み、荷降ろしのための大きな倉庫があり、そこは現在、観光案内所、物産館、歴史資料館などの建物になっていました。

山形を紹介するコーナーとして、世界60カ国でヒットしたNHKの朝ドラ『おしん』の名場面が放映されていました。人形でおしんの生家を再現展示するコーナーも。見ただけで泣くオットと妻……。

春、酒田港には大小さまざまな廻船が出入りし、港を見下ろす日和山《ひよりやま》には、海上を照らす常夜灯が煌々と点っていたと

日和山公園の千石船

いうことです。現在の日和山公園にも、灯台がありました！灯台とならぶ公園のもうひとつのシンボルが、江戸まで米俵を千石（２５００俵）運んだ千石船の２分の１の模型です。なんだか歴史ロマンを感じます。

　公園内は桜が満開。ちょうど「桜まつり」をやっており、出店もたくさん出て、人で賑わっています。

　さてごはんですが、山形グルメは難しい。芋煮は季節が違うし、玉こんにゃくは家庭でつくるものみたいだし。さて、何を食べようか。

　悩んだ末、市内の「旬味 井筒」で、季節の郷土料理の孟宗《もうそう》汁《じる》と弁慶飯をいただきました。孟宗汁はたけのこと厚揚げ入りの味噌汁で、酒粕が入っていて、こっくりした味わいです。弁慶飯は味噌を塗った焼きおにぎりを青菜でまいたもの。おいしくないわけがない！

弁慶飯（左）と孟宗汁（右）

　夜桜見物もして（夜もけっこうな人出）、今晩はそのまま、日和山公園の駐車場で車中泊。ちょっと傾斜あり。

本間家旧本邸

翌日、本間家旧本邸を見学しました。本間家は廻船業で財を築き、酒田のまちと共に歩んだ豪商です。

本間様にはおよびもないが
せめてなりたや殿様に

この俗謡を聞いただけで本間家がいかに栄えていたかわかりますが、三代当主の光丘は「商いで得た利は世のため、人のためにあるべき」という公益思想で、利益の多くを庄内藩の事業に提供し、このお屋敷も幕府からやってくる役人の宿舎として献上するために建てたものなんだとか。ちなみに昭和20年に軍事施設として接収されるまでは、本間家の子孫のみなさんが住んでおられたそうで、まさに**ほんまもん**のお屋敷です。

もう1カ所、土門拳記念館にも訪れました。自身の全作品を故郷の酒田市に寄贈した、日本最初の写真美術館。ステキなところでした！

旅の情報

日本海に面し、県全域が全国でも有数の豪雪地帯の山形県。日本海沿岸の酒田市は北海道から大阪を日本海回りで航海していた北前船の寄港地として栄えた。日和山公園は、北前船の出発前に日より（天候）をみた場所と言われている。全国各地の寄港地どうしの文化的なつながりも深い。この日の走行距離152.2㎞。

1県1サクラ　桜・菜の花ロード

34県目

秋田
Akita

「Any bad kids?」男鹿半島で「なまはげ」体験！

秋田に入ったのはちょうどお昼。お腹が空いたので、道の駅で何気に稲庭うどんを注文したところ、これが大当たりでした！

稲庭うどんは日本3大うどんのひとつですが、よく考えたらこれまで乾麺のものしか食べたことがなく、生の麺ははじめて。平たいきしめんよりさらに細く、素麺よりは太く、もちもちしたグミのような食感が、クセになる！

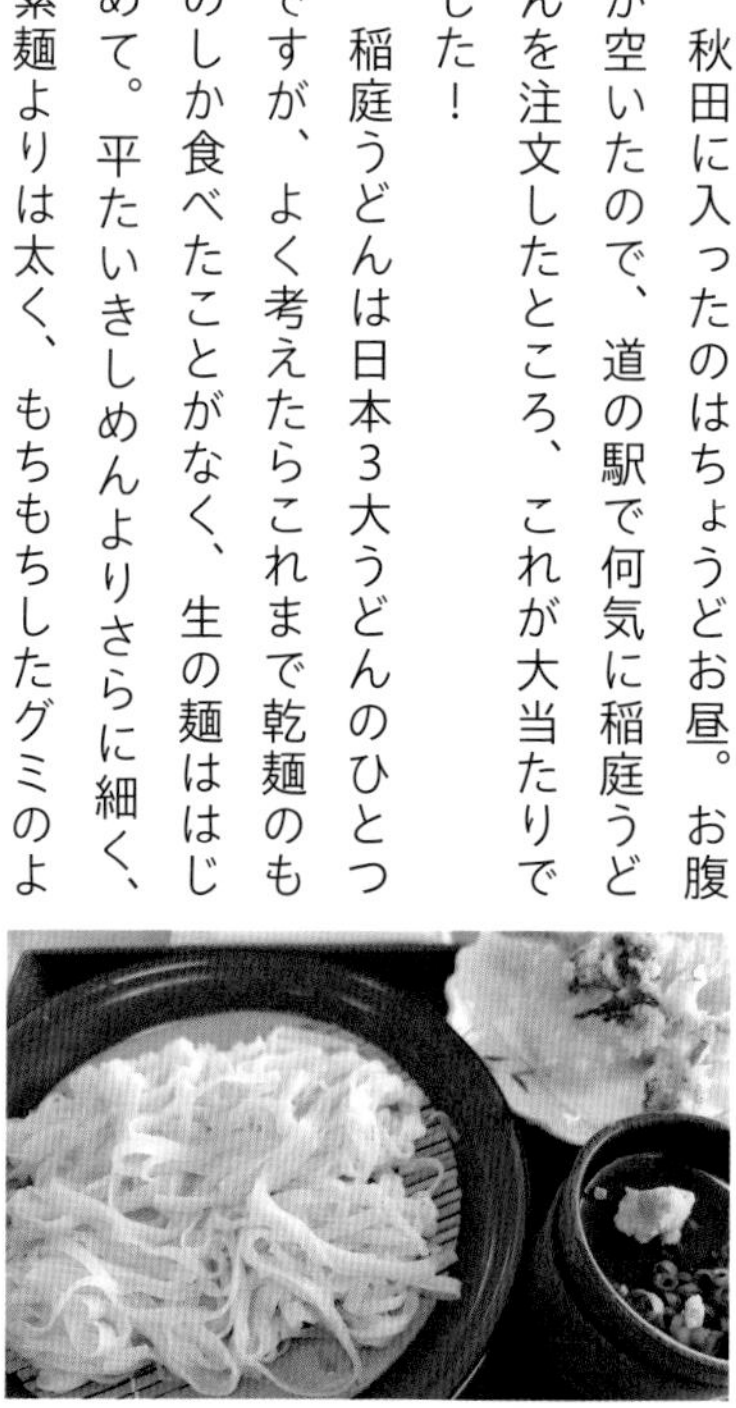

「象潟ねむの丘」の稲庭うどん

ここ「象潟《きさかた》ねむの丘」は東北最大級といわれる道の駅で、展望温泉は21時まで、館内レストランは18時半まで開いています。向かいにはガストあり、夜遅くても安心。絶賛オメスメです！

昼食後、鳥海山と桜の風景を写真におさめたくて本荘公園（本荘城跡）に行くも、白くかすんで見えず。この日はポー電（ポータブル電源）の充電日につき、秋田市にある「みんなの実家」

という民泊に泊まりました。人間の元気も充電して、翌朝は男《お》鹿《が》半島へGO！

感動したのが、「桜・菜の花ロード」。ここはホントに信じられない美しさ……もちろん1県1サクラに認定です。この景色が11㎞にもわたって、途切れることなく延々と続きます。車で走り抜けるのが気持ちよすぎます。まんなかあたりでは沿道に停泊する車が渋滞していました。観光バスも停まっています。きっとツアーがあるんですね。


そして本日のメインイベントは、「なまはげ館」と「男鹿真山伝承館」！

男鹿の60地区に及ぶ多種多様ななまはげの面・衣装の実物を展示しているほか、1日数回、なまはげの体験（？）があるということで、10時半からの回に参加しました。

阿波踊りのように、草津温泉の湯もみのように、「舞台(ステージ)」を見るのかな？……と思いきや、案内されたのは、1軒の藁葺《わらぶ》き民家……この家の中に入れ、と。つまり、民家の中で、家にやって来るなまはげをリアル体験するのです！

……こっ、これはテンション上がるわ！

なまはげは、その年にお産や不幸があった家は避けるため、

「なぐ子はいねが！
怠け者はいねが！」

なまはげを体験する施設

ここに座ってしばし待つ

先立人がまず**「なまはげ、来たす」**と家の者に知らせます。主人が**「よく来てけだすな」**と迎えると、2人のなまはげが玄関でしこを踏むすごい音と唸り声が！

そのあと勢いよく戸が開いて**「なぐ子はいねが！　怠け者はいねが！」**の大声と共に、なまはげが家の中に入ってきます。家の建具を開け閉めしたり、叩いたりする轟音（邪気を払う）、とにかくすごい音に観客は完全にドギモを抜かれます。

最後は、観客1人ひとりに、「しっかりやっどるか！」と恫《どう》喝《かつ》しながら部屋を歩きまわるなまはげ。怖いです。思わず「ハ、ハイ！　がんばります！」と言ってしまいました。子どもならマジちびるレベルにビビると思います。

いやー、一生モンの体験でした……。

興奮さめやらぬまま、八郎太郎の伝説が残る干拓地、八郎潟に寄ってから青森へ向かいます！

旅の情報

なまはげは国の重要無形民俗文化財・ユネスコ無形文化遺産で、大晦日の夜に男鹿半島のほぼ全域の集落で行われている行事。囲炉裏のそばで火にずっとあたっていると手足にできる火斑（低温やけど）を「ナモミ」といい、「ナモミを剥ぐ」がなまって「なまはげ」、つまり怠惰を戒めるのが「なまはげ」なんだそう。この日の走行距離220.9㎞。

1県1サクラ　本日より桜まつり開催、弘前（ひろさき）公園

弘前公園で桜のまっただなかを体感！

4月23日、オットと妻の桜追いかけ旅、ついに北の青森、弘《ひろ》前《さき》に到達しました！

この旅の道中、日本のあちこちで、桜の名所は「弘前か吉野が、一、二」と聞いて、どうしても弘前はピークの時期に来たかったのです！

昨日の夕方、弘前に入るとホテルはどこも満室。まわりの宿泊客はみな弘前公園の桜を見に行く雰囲気をぷんぷんと漂わせています。でも駐車場の車は青森、弘前、せいぜい仙台ぐらい。京都ナンバーはかなり悪目立ちしている気が……ふつう車では来んよな。

弘前公園のお花見ポイントですが、弘前公園の中は広大なので、少々、人が多くて混んでいても大丈夫です。問題は駐車場です。ホテルで教えてもらった通り、周辺にはパーキングがたくさんあるけれど、市役所立体駐車場が一番収容台数が多く、安く、かつ追手門にも近いので、そこをめざすことに（※状況は変化しますので必ず直近の情報をお確かめください）。

朝、7時50分、ホテルを出発。たしかに弘前公園に近づくに

つれ、あちこちのパーキングで、もうすでに「**満**」の字が！焦る！そんななか「**空**」の文字を見つけると、思わずここがどのへんかもかまわず「えーい、もうここにしよう！」……となりがちですが、グッと抑えて市役所駐車場をめざす。よかった、「空」でした。でもけっこうギリギリでした。朝早い行動が勝敗を決するのは、どこも同じのようです（朝早く来られたのでしょうか、8時の時点ですでに帰る人もいました）。

追手門の前のお濠《ほり》で、まず花筏《はないかだ》に感動。風でどんどんようすが変わっていきます。

弘前公園に入るのは、天守の有料エリアをのぞき無料ですが、コロナもあってか、人数確認なのか、入り口で代表者名の記名と、リストバンドの着用がありました。

ほーっ……。

前を見ても、**後ろ**を見ても、

右を見ても、**左**を見ても、**桜**です。

あたり一面、桜です。

桜に囲まれています。

こんな風景は、たしかにここにしかありません。しかし自分がそのまっただなかに居る空間、というのは、写真で収めようとするのは難しいです。弘前公園の桜は鑑賞して撮影するとい

（左上）「桜のハート」スポット（左下）岩木山と桜（右上）満開の天守（右下）風流な花筏

うより、桜そのものを全身で感じる印象です。遠くの桜を観る吉野、自分が桜のなかにいることを体感する弘前、という感じでしょうか。
天守のエリアを抜けたところから桜のトンネルがあり、そこからまた追手門に戻ってくることができました。一周して約1時間半です。

弘前市はりんごの生産量が日本一で、アップルパイがおいしいことでも有名だそうです。りんご公園に行くと市内数店のアップルパイが食べられる、ということで、今回のグルメハントはアップルパイです。
今度は列島を南下して、岩手と宮城に向かいます！

旅の情報

ようやく本州最北端の青森県に到達！ 本来なら下北半島などにも行きたいところだが、今回は桜がメインなので、残念ながら訪れたのは弘前のみ。最後に見た岩木山とりんごの木が印象的だった。ちなみにりんごの花が咲くのはGWからだそう。王林やふじなど、りんごの品種ごとに販売されているりんごジュースは必飲。この日の走行距離123.9㎞。

1県1サクラ　花巻温泉

36県目
岩手 Iwate

「ハイ、どんどん」わんこそばとイーハトーブ

ハイ、どんどん。ハイ、どんどん。

かけ声とともに次々とお椀に投入されていくそば。そんなにどんどんして、大丈夫?

ここは盛岡。わんこそば未体験だった2人は、せっかくなので盛岡の「そば処東家 駅前店」でわんこチャレンジすることにしました!(と言っても大食い選手権戦力外のポンコツ妻は観戦のみで、オットだけ)。

岩手県に伝わるわんこそばは「ふるまいそば」が源流と言われ、今ふうに言えば〝そばの食べ放題〟。岩手ならではのもてなし料理です。食事というより伝統的な食文化の体験、といったところでしょうか。

お椀に入った一口量のそばを、客の手元のお椀にどんどん入れていき、お腹がいっぱいになった客がお椀に蓋《ふた》をしてストップの合図をするまで続けられます。東家では

女性だと30～40杯、男性は50～60杯が平均的な食べる量なんだとか。これまでの最高記録は、なんと570杯。じぇじぇじぇ。ちなみにオットはちょうど60杯でごちそうさましました（追記：しかしその後、約2日間ほど、そばがお腹に居座って存在を主張し続けていたもようです笑）。

お腹もふくれたところで、いざ桜探しにゴー！

盛岡城跡公園はすでに葉桜でした。高松の池にも行ってみたところ、池の周囲が広いため、北のほうはまだ満開。桜を見に来た人で賑わっていました。水辺から眺める雪を抱いた岩手山がきれいです。

花巻へ移動し、道の駅「はなまき西南」を訪れました。ここは2020年にオープンした新しい道の駅で、隣に24時間営業のコンビニがあり、夜9時半まで開いている焼き肉店もあります。うれしい！道の駅のレストランはたいてい夕方4時～5時頃に閉まることが多く、オットと妻が行ったときにはすでにトイレ以外のすべての施設の電気が消えていることが多いのです（寂）。と言いつつも、今夜は宿泊《やどはく》の日。

ここから車で20分ぐらい走れば、花巻温泉郷があるのです。調べてみると、午後6時以降、立ち寄り湯（1人900円）を

高松の池と岩手山

葉桜だった盛岡城跡公園

宮沢賢治童話村にて
ゲートをくぐるとだんだんのっぽに!

実施しているホテルがあるので、お風呂にだけ入らせてもらって温泉気分を味わうこともできます。花巻温泉は桜の名所としても有名で、朝のバラ園（入場無料でした）から眺める温泉郷の桜満開の景色がとてもステキで1県1サクラに認定！

宮沢賢治のふるさと、花巻で最後に向かったのは、宮沢賢治童話村。入口の銀河ステーションのゲートをくぐると、広々とした敷地に宮沢賢治の童話の世界が広がっています（「賢治の学校」のみ有料、大人350円）。あれこれ空想の翼を広げながら、森のなかを散策できる小径もあります。ファンタジーあふれる作品の世界観や、イーハトーブ（理想郷）、彼の思想をはぐくんだものが、花巻の豊かな自然であることがよく理解できました。子連れで来ると、ここはよいと思います！

さらに南下して宮城に向かいます。

旅の情報

北海道に次いで日本で2番目に面積の広い岩手県。詩人・石川啄木と童話作家・宮沢賢治、2人の天才を生んだ県としても有名。桜ハントでは巨大な花崗岩の割れ目から生える樹齢360年のエドヒガンザクラ、石割桜（盛岡）も見もの。岩手には温泉郷がたくさんあり、花巻温泉郷は規模も大きく快適だが、秘湯感あふれる乳頭温泉も温泉ファンは見逃せない。この日の走行距離179.6㎞。

1県1サクラ　鹽竈（しおがま）神社のいろいろな種類の桜

37県目

宮城
Miyagi

東北地方の桜、見納めの地は仙台！

宮城県塩竈《しおがま》市にある志波彦《しわひこ》神社・鹽竈《しおがま》神社は、古くから東北鎮護、陸奥国の一之宮として、朝廷、庶民の大きな崇敬を集めてきたそうです。コロナで規模縮小となっていた花まつりが市内で3年ぶりに開催され、まちなかはまつりムードに湧いておりました。

まちなかに、**鹽竈、塩竈、塩釜**の3種類の「しおがま」表記があることが、さっきから気になっている妻……。

市の名称としては、正式には**塩竈市**、でも最近では「**塩釜**」でもいいんでない？……の動きになってきているそうですが、そこに登場したのが『**鬼滅の刃**』。主人公の名前のおかげで**「竈」の文字が一躍ブレイク**、塩竈市役所のＨＰの「竈」の字の書き順コーナーが注目されているのだとか。

鹽竈神社はその名がついた「鹽竈桜」で有名だそうです。ここではさまざまな桜にそれぞれ名札が表示されていて、桜の品種が詳しくわかるようになっています。なんなら最初にここで勉強をすればえかった。いまだにソメイヨシノ、しだれ、八重ぐらいしか区別できていないオットと妻。

つくづく、一言で「桜」と言ってもその品種の多さ、開花時期の違いなどに感心したのでした。

妻が特に気になったのは、黄色い色をした鬱金《うこん》桜。桜なのに黄色なのがすごく不思議で、でもほんとうにきれいな色でした。

黄色い鬱金（うこん）桜

さてさて東北地方最後の仙台の夜は、**牛たんとともに更けていきます。**
仙台の牛たんは戦後の食糧難の時代、どこにも真似できないものを作ろうとした先人の努力の賜物《たまもの》なんだとか。仙台牛たんの特徴はその「厚さ」と「柔らかさ」。ということで、ホテル近くの「炭焼牛たん東山」で大奮発して分厚いのを頼んで、2人でわけわけしました。今夜の宿はこれまでも何度かお世話になった駅前ビジホの定番、ドーミーインです。
最後に、今回の旅で、東北地方に行くのなら、どこかで、あれから11年が経過した東日本大震災の「遺構」が見学したいと思っていました。

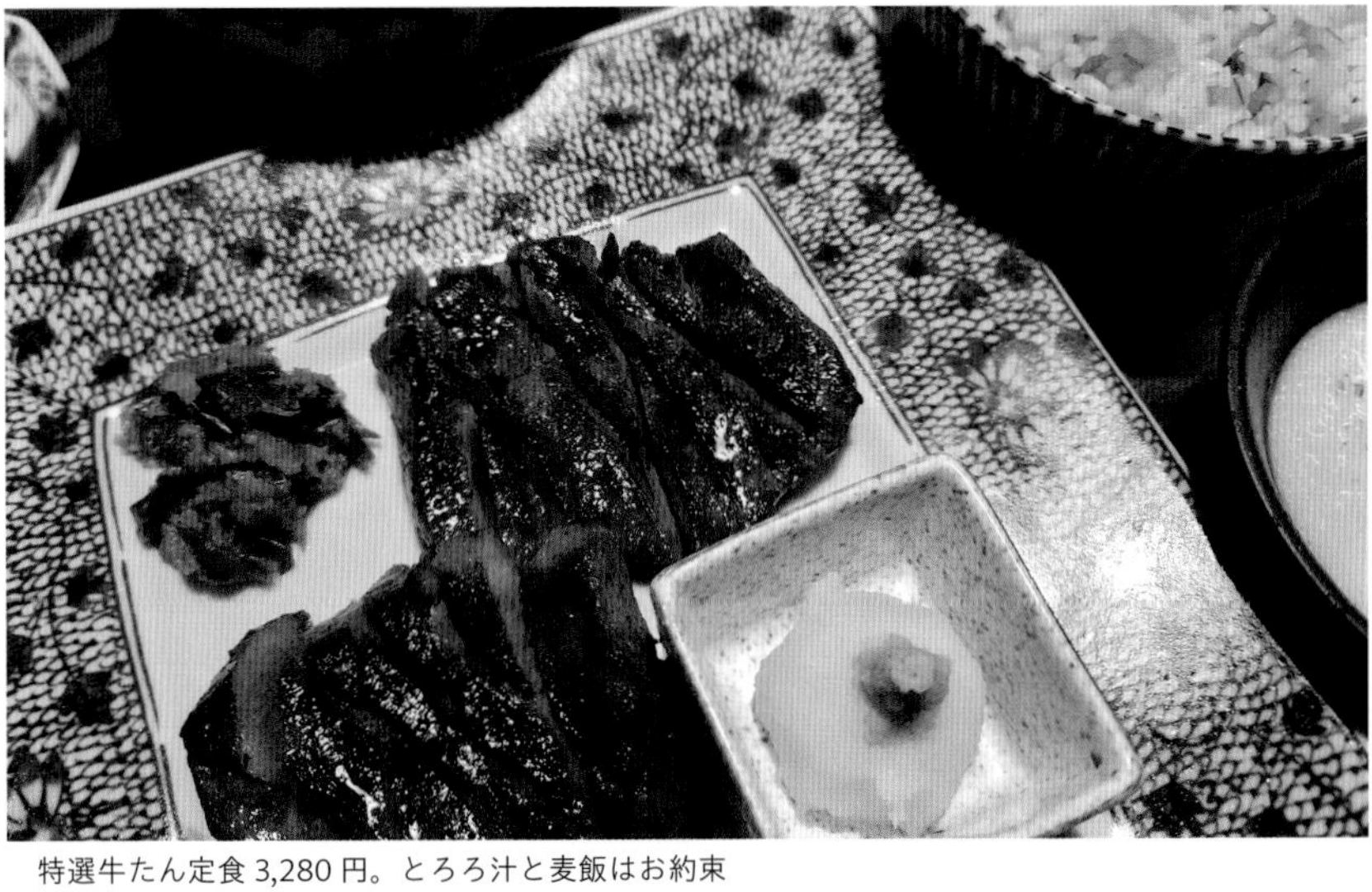
特選牛たん定食 3,280 円。とろろ汁と麦飯はお約束

ところが海に近い沿岸部は気温が高いのか桜の開花が早いため、通過する機会がなく、宮城に入り仙台港からフェリーに乗る前になって、ようやく、震災遺構 仙台市立荒浜小学校を訪ねることができました。

荒浜小学校は沿岸地域にあり、ここに避難した小学校児童・職員と地域住民320人の命を救った小学校です。

2階の高さまで押し寄せてきた津波、フェンスや窓を突き破り侵入してきた瓦礫《がれき》や自動車、3階4階に駆け上がり、震えながら肩を寄せ合って過ごした一夜。屋上から救助を求める様子が当時、テレビで報道されていた記憶がよみがえってきました。

災害や戦禍による犠牲者がないように、季節のめぐりを心から喜び合い、桜を楽しむことができる、平和で安全な世界が実現しますように、ずっと続きますように、仙台の春から願いを込めて——。仙台港から名古屋へ行くフェリーに乗船しました。

旅の情報

今回は牛たんを食べたが、三陸沖は寒流（親潮）と暖流（黒潮）の潮境で、世界有数の漁場として知られ、海の幸もおいしい。桜は白石川堤の一目千本桜も有名。震災遺構は震災の記憶や教訓を次世代に伝えるため取り壊さず保存するもので、宮城・岩手の沿岸部に数カ所、福島に1カ所ある。仙台港と名古屋港を結ぶ太平洋フェリーは2日おきに就航している。この日の走行距離69㎞。

第5回

フーフ会議　フェリーがたまらん件について（in仙台～名古屋の船内）

「いや～、この桜旅はホンマにフェリーに助けられるね！」

「まず行きの大阪～志布志《しぶし》のさんふらわあ、それから九州で大隅半島と薩摩半島をつなぐなんきゅうフェリーを見つけたこと。そして当初の予定では青森がゴールで、帰りは秋田から日本海を敦賀《つるが》まで、2泊3日の新日本海フェリーで帰る予定だったけど……」

「天下分け目の重大決断でルートを大幅変更したから、それは乗れなくなったよね」

「そこから必死で検索して見つけたのが、この仙台～名古屋間を2日に1便、運航している太平洋フェリー」

「12時50分～翌朝10時半まで約21時間と、乗船時間がけっこう長くて、ゆっくりできて、船内豪華で、快適～！」

「有料Wi-Fiもあるし、乗った日のお昼と夜、翌日の朝と、船内で食事が3回も楽しめる」

「レストランのバイキングはランチとディナーで内容が違っているし、さすがに朝もバイキングはしんどいなーと思っていたら、手頃なモーニングを出すカフェがあった！」

「大浴場は広々としてたしね。昼間の明るい時間帯に入れてよかった」

「湯船のお湯になんと波が発生していて、波乗りして遊べた♪(笑)楽しかった～」

「生涯現役世代の我々、あまりにも長距離の移動のときは、体力温存のためにも、できれば運転せずに他の手段で移動したい。だから車を一緒に積めるフェリーをうまく使いこなすことがカギだな」

「S寝台の16人部屋は、結局2人だけの貸し切り状態でラッキーだったしね！ゆっくりできて気分も変わって、また明日から頑張りゃーよ」

「では、船内でしっかり休んで、明日からの“東海・関東地方でゴールデンウィークに見られる遅咲き桜を探す旅”も楽しもう」

「オー！」

1県1サクラ　桜ネックレスの鬼無稚児桜。ツツジとの競演

38県目

愛知

Aichi

桜ネックレスで遅咲きの桜と出会う！

太平洋フェリー「いしかり」の船上で快適な一夜を過ごし、名古屋港を降りたとたん、

「ぬくっ！」

季節が確実に、桜の春から、初夏に移行しているのを感じました。３月下旬から桜を追いかける旅に出て、桜前線とともに北上してきたオットと妻は、この間、ずーっとほぼ同じ気候帯のなかに居たのが、今日、初めて初夏の**暖かさ・暑さ**に触れました。

寒くない、というのは車中泊トラベラーにはありがたいことです。車の中や布団は暖かくても、寝る前に１回はどうしても歯磨き・トイレに外へ出なければならないのですが、そのとき寒い風に吹かれたりすると、思わず心が萎えるのです。でも、桜にとってはこの暖かさは当然、ＢＡＤでしょうね……。

今日から心新たに、**東海・関東地方で「ＧＷに見られる桜はあるのか？」**のスタートにあたり、ちょっと複雑なきぶんの２人です。本当に見つけられるのでしょうか……？

稲沢市平和町には「桜ネックレス」と呼ばれる場所があり、名前に惹かれて行ってみることにしました。ここには日光川と須ヶ谷川沿いを中心に、２８００ｍにも及んでぐるりと一周できるまるでネックレスのような桜の散策路があり、約60種類の桜が植えられています。新緑の中、そのうち１種類だけ、色鮮やかなピンク色を輝かせるようにまだ咲いている桜がありました！ヤッター！「鬼無《きなし》稚児《ちご》桜《ざくら》」という品種のようです。

もう１カ所、フェリーのなかからオットが電話で問い合わせたところ、わざわざ現地確認に行かれ「まだ１本だけ咲いている！」と教えてくださった名古屋市東山動植物園へも行きました。広大な敷地に動物園と植物園があり、植物園エリアの「桜の回廊」には、いろいろな種類の桜が植えられています。そのなかに遅咲きの品種が……**ありました！**「奈良の八重桜」という品種のようです。ほかの桜も競い合うように咲き誇っていたときはどれほどステキだったことでしょう。その頃にいつかまた、もう一度来てみたいです！ 親切な職員のみなさん、ありがとうございました！

東山動植物園では、東日本大震災で高田松原を襲った津波のなか、たった１本生き抜いた陸前高田市「奇跡の一本松」の後継樹も育てておられました。

まだ桜は咲いていますか？
まだ1本だけ咲いています！今日ならなんとか
ヤッター！
フェリーの中から電話で問い合わせ中

矢場とん名物みそかつ
ロースとんかつ定食 1,300 円

みそかつ丼定食 1,300 円
（キャベツとみそ汁付き）
その場でみそだれをかけてくれる

どちらでもすでにツツジが全盛期を迎えつつあるなか、咲いていてくれてありがとう！

さて、名古屋といえば？　きしめん、ひつまぶし、天むす……**みそかつ！**

名古屋名物みそかつ「矢場とん」は全国29店舗を有するみそかつの専門店。どろり濃厚な赤味噌ではなく、サラッとした特製のみそだれに浸す感じが観光客にも馴染みやすいのだとか。

みそかつのロースとんかつ定食と、みそかつ丼定食を注文しました。特製のみそだれはお腹のすいた旅人をうならせる圧倒的なおいしさで、２人とも黙々といただきました！

今夜は雨につき、浜松で宿泊《やどはく》です。

明日は富士山が見えますように、晴れますように！

旅の情報

愛知県は「名古屋めし」と呼ばれるご当地グルメが豊富な県で、喫茶店モーニングの豪華さでもその名が知られている。東山動植物園は全国から集められた１００種類約１０００本の桜が楽しめる名所で、市内からのアクセスも便利なので子連れには絶賛おススメ。派手好き名古屋を象徴する金のシャチホコで有名な名古屋城も、毎年桜まつりで賑わう。この日の走行距離１３５㎞。

1県1サクラ　富士山さくらの園……これは夢か現実か？

39県目

静岡 Shizuoka

富士山の麓、ふもとっぱらキャンプ場で車中泊！

オット「富士山の〝フ〟の字も見えん……」

妻（フは……もともと見えないのでは？）

ここは静岡県富士宮市。晴れていたら、このあたりからは大きな富士山がどーんと見えるはず、と、しばらく関東に住んでいたことのあるオットの弁。

本日はあいにくの曇天……。富士宮のまちの周囲は本日、360度、グレーのカーテンに覆われております。

ま、気を取り直して、駅前にある「富士宮やきそばアンテナショップ」へと向かいましょう。

富士宮やきそばアンテナショップは、浅《せん》間《げん》大社《たいしゃ》の赤い大鳥居の前の、お宮横丁にあります。富士宮やきそばのお店が数軒、出店しているので食べ比べしました。富士宮やきそばは麺の製法が独特で、さらに肉か

富士宮やきそば

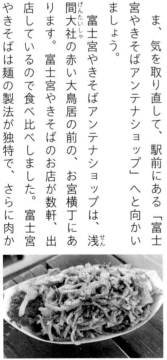

す（ラードの絞りかす）が入り、上からイワシなどの削り粉をかけるのが特徴です。

歯ごたえのある麺と、肉かすが、**うまい**っす。

お水は富士山の湧き水。これがまた大変に、おいしい。


きゃん吉でゆるやかな坂道をどんどん登っていくと、あちこちに「↑富士山登山口」の標識が。

富士山の麓《ふもと》、スカイライン入口付近にある「富士山さくらの園」に着いた頃には、富士山どころか、１００ｍ先も見えないほどの濃霧に……。しかも、あたりにはだれもいません。

昨夜の雨で重く垂れ下がった八重桜のピンクが霧の向こうに揺らめいて、2人でけっこう幻想的な世界に迷い込む体験をしてしまいました（1県1サクラに認定）。富士山の樹海で迷うときはこういう感じなのか？　などと思ってしまいました……。


さくらの園からきゃん吉で20分ほど走り、今夜の野営地、ふもとっぱらキャンプ場に着くと、地上部分の霧はすっきり晴れていました。ここはオットと妻がこの旅でひそかに楽しみにしていた、車中泊の旅のハイライトでもありました！

広大すぎる富士山の麓の草原で、テント野営、車中泊、みん

ふもとっぱらキャンプ場での
車中泊をいちばん楽しみにしていました！

どーん！！

な思い思いのスタイルで、好きなようにやっています。

必ず予約が必要です（ネットから当日・直前でもＯＫ）。車１台と大人２人で４０００円でした。いったん外に出てきゃん吉で５分ぐらい走ったところにコンビニがあり、オットと妻は、ビール、おつまみ、カップうどんなどを買い込んで戻ってきました。

軽自動車だし、キャンプビギナーだし、テントとか装備もなにも持って来ていないし、少し気恥ずかしく思っていましたが、あたりが広すぎて、キャンパーや車が多彩すぎて、全然気になりません。入口に薪《まき》や飲み物などを売っている小さな管理棟と、午後３時まで営業しているレストランらしき建物があるだけで、あとは、目の前に雄大な富士山があるだけです！

広すぎて、どこに停めても目の前が富士山です。

今夜はここで寝ます！

旅の情報

静岡ならやっぱり雄大な富士山と桜の風景が見たい。富士山さくらの園のほか、富士市の龍巌淵（りゅうがんぶち）、岩本山公園などが有名。駿河湾と桜のコラボも静岡県ならでは。富士宮やきそばがご当地グルメとして「Ｂ-１グランプリ」で２度優勝し殿堂入りとなったが、駿河湾の桜エビ製品、浜松のウナギ、わさびなども静岡土産の定番。この日の走行距離１３４・２㎞。

1県1サクラ　「富士芝桜まつり」で芝桜と御殿場桜が満開

40県目

山梨 Yamanashi

芝桜と桜、ピンクの二重奏に胸キュンキュン

ふもとっぱらキャンプ場をあとに、今日は、富士山の周囲をぐるりと取り囲む富士パノラマライン、国道139号線で山梨県へと向かい、「GWでも見られる桜」を探す旅を続けます。

ところで、この時期、「富士山」「桜」で検索すると、出てくるのが、**「富士芝桜まつり」**。

オット「ん？　芝……桜。桜？」

妻「芝桜は、桜とは違うで！」

前を通りかかると、けっこう大きなイベントならしく、駐車場の交通整理に何人も係員が出て誘導していました。

どーする？　**サクラ違い**だけど、余興のつもりで、ちょっと寄って見てみる？　と軽い気持ちで立ち寄ってみたところ、

ウソやろ……

桜が……

咲いてましたわ。

ひょうたんから駒、ジョーダンから真実、棚からぼた餅さくら餅、芝桜から桜……

会場内にはなんと桜（御殿場桜《ごてんばざくら》）が何本か咲いていたのです。御殿場桜はソメイヨシノより開花時期が遅い、低木の桜だとかで、富士山ふもとの冷涼な気候のせいか、満開でした！

　偶然にも、ここは「GWでも見られる関東の桜」という趣旨にドンピシャの場所だったわけです。地面を覆う濃いピンクの芝桜と、薄ピンクの桜、ツツジ、その他の花がいっぺんに見られる夢のような場所でした。

ピンクのじゅうたん

　そのあときゃん吉は139号線をずんずん進み、青木ヶ原樹海あたりまで来たところでトイレ休憩。すると「洞窟探検 富岳風穴」の文字が……。約30分程度で見学できる、ということで、ヘルメットを借りて、いざ洞窟探検へゴー！
　青木ヶ原樹海内には、かつて富士山が爆発したときに溶岩のなかに含まれていたガスが、溶岩が冷えた際に空洞になってできた洞窟が無数に存在しています。富岳風穴は内部がおよそ100mにもおよぶ大きな洞窟で、洞内の平均気温が0～3度という、天然の冷蔵庫だったそうで。

富岳風穴にて
な、なんと
氷柱が！
探検気分
爆アゲ！

鴨肉ほうとう 1,700 円。野菜たっぷり。

富岳風穴で洞窟探検

洞窟探検を終えて富士急ハイランドのあたりからは、沿道に「ほうとう」と書かれたのぼりがたくさん出現します。

「ほうとう」は、小麦粉を練って太めに切った麺と野菜を味噌で煮込んだ、山梨を代表する郷土料理。甲州ほうとう「小作」は南瓜ほうとうで有名なお店で、おおきな南瓜がゴロッと入っています。ほかにも小芋、にんじん、白菜、山菜など野菜がたっぷり。鴨肉入りを頼みましたが、とても美味しかったです！

量が多いだろうな、と思うときは「2人とも小食なので1つ頼んで、分けて食べてもいいですか？」と聞いてみることにしています。「1人1メニュー注文してください」と言われたら、1人はおにぎりなどの軽いものを頼みます。

今回はこころよく「どうぞお2人で分けて召し上がってください！」と、鴨ほうとう鍋1つにお椀を2つ持ってきてくださいました。温かさが沁みわたります。ありがとうございます！

旅の情報

富士山を海側から眺めるのが静岡だとすると、内陸側からぐるりと取り囲むのが山梨。溶岩流の上に形成された世界でも稀な原生林、青木ヶ原樹海があるのも山梨県側。河口湖周辺には富士山&桜スポットがたくさんある。ちなみに物事がうまく進んだときに「うまいもんだよ、かぼちゃのほうとう」という言い回しがあるほど、ほうとうは県民に愛されている。この日の走行距離58・6㎞。

1県1サクラ　恩賜箱根公園のぼたん桜

41県目

神奈川
Kanagawa

恩賜箱根公園のぼたん桜&ピカソに感動

♪箱根の山は天下の嶮《けん》
函谷關《かんこくかん》もものならず
萬丈《ばんじょう》の山！
千仞《せんじん》の谷！♫

合唱しながら、箱根にやってきました！

この歌は険しい山の臨場感を表現するかのような小気味良いテンポ、抑揚のあるリズム感が好きです！ 箱根、と聞くと必ず歌いたくなるのは妻だけでしょうか？

箱根は中学校の修学旅行以来です。


それにしても、山梨の富士パノラマラインでは沿道にもまだちらほらと桜が咲いていたのに、神奈川、箱根に入ったとたん、**険しく濃い〜緑**に包まれて、**桜のサ**の字も見あたりません。

これは……大丈夫か……。はたして桜は見つかるのか……。

不安な気持ちを残したまま、2日前に電話で確認しておいた芦ノ湖近くの神奈川県立恩賜《おんし》箱根公園にやって来ました。ここは箱根離宮の跡地なんですね。

門から中央園路を登っていくと、おお、かすかに残っています！　背の低い、御殿場桜《ごてんばざくら》です。念のため、ほかに咲いている桜がないか湖畔展望館で訪ねてみると、「下の散策路のぼたん桜が、１本だけ、まだきれいな状態で残っていますよ。昨日、確認しておきました」と。（ん？　もしかすると、２日前の電話に出てくれた人か？）

ありました！　見事１県１サクラに認定です！

職員さん、ありがとうございました！

桜をゲットし、次に２人が訪れた場所は「彫刻の森美術館」です。広々とした森のなかに彫刻作品が野外展示されています。ＴＶなどで何度か観て、ここは来てみたかったのです。

なかでも、91歳まで生き、65歳頃から陶芸を手がけるようになったというピカソの作品を順次公開しているピカソ館は、感動でした！　オットと妻はバルセロナのピカソ美術館へも行ったことがあるのですが、何歳になっても、あらたなる意欲を創出し、新しいジャンルへの挑戦を続ける、ピカソの心のなかの**情熱の炎**の存在が、とても気になるのです。

さて、神奈川では、どうしても食べたかったグルメがあり

ピカソ館（館内は撮影禁止）

ました。「生しらす丼」です。映画『海街diary』のなかにも出てきました。時期もあるし、ここでないと食べられないレア度も高い。ここからだと小田原漁港が近いのですが、確認したところ、ここ数日は揚がっていないと。明日のことはわからないそうです……ならぬものは、ならぬのです。

あきらめるしかないかと思っていたら、夜、晩ごはんを食べに入った居酒屋さんのメニューに、なんと生しらす寿司がありました！

おおお……でも、口に入るしらすの匹数が少ないからか、イマイチおいしさがよくわからない感じです……。

もし、この先、どこかで生しらす丼を食べることができたら、追加で報告します！

生しらす寿司２貫で500円

旅の情報

ベイエリアの横浜、鎌倉、湘南、江の島、そして山間部の箱根と、海も山も温泉も楽しめる魅力的な県。「住みたい県ランキング」では常に上位。横浜の中華街は神戸、長崎と共に日本3大中華街と呼ばれているが、規模においては横浜がダントツ。中華街に近い山手地区の「元町公園」も桜の名所として有名。

この日の走行距離４０・６㎞。

42県目

茨城

Ibaraki

1県1サクラ　愛宕山の普賢象（ふげんぞう）

普賢象からのネモフィラで、いばラッキー

今日から5月です！ 5月1日になったとたん、Yahoo! の天気予報のなかにあった、「全国桜開花マップ2022」のサイトが**消えました……**（お花見シーズン終了!?）

全国各地の桜の名所の開花状況と位置がわかるので、いろいろなサイトと併せて重宝しており、オットは朝起きると、日課のごとくチェックしていました。まるで**盟友に先立たれたかのように**、相当なショックを受けています。

しかしオット！ 見よ！ あの旗を！

「あたご山 桜まつり」のあのピンクの御旗を！

これはある。きっとある……

茨城県笠間市にある愛宕《あたご》山は、古くから天狗《てんぐ》伝説のある山です。中腹から山頂にかけて咲き誇る桜は標高差によって開花時期が異なり、その姿はまるで桜が山を駆け上っていくかのように見えるのだとか。

毎日お参りに来ている様子の、地元の方に何人か出会いました。ここが地域でとても大切にされている信仰の場だとわかります。

今の時期は、駐車場付近に数本の普賢象《ふげんぞう》が残っているだけでしたが、それでもその姿に「よくぞ咲いていてくれた！」と感謝・感謝のオットと妻でした。1県1サクラ、茨城でも拝めました！

それから茨城で行きたいと思っていたのが「国営ひたち海浜公園」です。青紫のネモフィラはピークを少し過ぎていましたが、まるで青い海のようです。ピンクもいいけど青もいいよね。そうかー、もう5月だもん……。

海浜公園から車で約10分。海浜公園内で食べるのをがまんし、お腹を空かせて「生そば処ちおん」まで来ました！ 茨城のグルメ、郷土料理を探していて、**絶賛・気になった**のが「つけけんちんそば（さいしょ、間違えてずっと「つけちんそば」だと思っていた……）。単なるけんちんそばではなく、あくまで「つけ♡けんちん」にこだわり、ここまで食べに来た甲斐がありました！

自家製手打ちの常陸秋そばは、それだけでじゅうぶん香りが

国営ひたち海浜公園

よくて美味しいのに、その冷たいおそばを、惜し気もなく野菜たっぷりの温かいけんちん汁に投入して、豪快に食します。なんて贅沢な食べ方か。けんちん汁は、れんこん、ごぼう、だいこん、にんじん、しめじ、こんにゃく、豆腐、ネギなどがどっさり入っていて、これまたとてもおいしい。

「コシアブラ（山菜）の天ぷらも、ありますよ。３つ２００円です」

「ハイッ！　それもください！」

コシアブラの天ぷらも絶品でした！

つけけんちんそばは、妻としては45県グルメのなかでもかなり上位です！　大満足の茨城でした！

温かい「つけけんちんそば」950円

旅の情報

もともと常陸国（ひたちのくに）であり、その後、日立村↓日立市ができたよう。常陸風土記の丘では毎年さくらまつりが開催されている。高さ１２０ｍを誇る仏像、牛久大仏は「青銅製立像」では世界一高く、ギネスブックに登録されている。国営ひたち海浜公園は広大な敷地に四季折々の植物が咲き乱れ、アトラクションも豊富で家族で楽しめるのでおすすめ。この日の走行距離１５３㎞。

勝手にランキング

桜はどこがよかったか？

すべての県で有名どころ、名所をおさえたわけではなく、ワンシーズンで南から北まで日本列島を駆け抜けるというムボーな試みのもと、最短ルートを描いて移動するルート上から近い場所しか行けないという制約、さらに地球温暖化の影響、うまく桜前線の波に乗れてベストシーズンに訪問できたのは半分くらい？……な事情を前提に、あくまでも「オットと妻の個人的感想」です。

1 弘前《ひろさき》公園（青森）

やはり青森の弘前公園の桜は、全国の桜ハンターたちが率先してその名を挙げるだけのことはありました。日本のお花見、堂々の1位だと思います。

2 吉野山（奈良）

「一目千本」の吉野山も、一生に一度は見に行く価値があると思いました。桜の山全体を眺められる圧倒的な桜の量で、2位に。

3

同率3位として、次の3カ所を挙げたいと思います！おが・さが・しが。

男鹿《おが》半島の桜・菜の花ロード（秋田）

桜・菜の花ロードが延々と、想像以上に長く続いて、気持ちいい！

円応寺（佐賀）

2つの石門の間の坂道に桜が描くみごとなアーチが、幻想的！

琵琶湖バレイ（滋賀）

比良山をバックに、琵琶湖を見下ろすという雄大すぎるロケーション、解放感が他にない。

勝手にランキング

おいしかったごはん

今回は日本海のカニ、下関のフグなど、季節的要素があるもの、予算オーバーなものは除外しました。さらにルート的に訪問が可能な場所限定で、あくまでも「オットと妻の舌調べ」です。

1 海鮮丼（氷見浜丼）（富山）

その日の朝にとれた鮮魚に、ご飯はコシヒカリ！これだけを目当てに、氷見漁港まで車を走らせる値打ちは十分にあります！

2 黒豚しゃぶしゃぶ（鹿児島）

そば湯でしゃぶしゃぶし、そばつゆで食す黒豚は未体験でした。衝撃度高し！そして目からウロコのおいしさ！

3 つけけんちんそば（茨城）

そばがそもそも美味しいところを、わざわざ、けんちん汁につけて食べる、というムチャ振りに近い豪快さ、心意気に惚れました。

1県1サクラ　昭和の森、最後の１輪！

43県目 千葉 Chiba

最後の1輪に願いをかけて！

北海道と沖縄をのぞく45県の桜制覇をもくろむこの旅で、もっとも難所と思われたのが、県の大半を房総半島が占めるここ、千葉でした。思い起こせば半月前の4月半ば、岐阜で、そのまま南下して予定どおり東海・関東へと進むか、予定変更して東に折れ、先に東北方面に行くかで悩み、オットと妻は大きな決断をしました。すでに最盛期が終わっていた関東を後回しにし、まだ見頃に間に合う東北にターゲットを絞ったときから、この苦労は予想されたことでした。

電話をかけまくり、**「もう終わっていますよ」**と言われているのに**「そこをなんとか、1本だけ、1輪だけでも……」**と頼みこんではみたものの（?）、それで事態が好転するはずもなく……。

千葉市動物公園は、桜が咲いていたときは園内の桜マップがあったけど（桜の木は園内のあちこちにあるらしい）、桜はもう終わったので、マップは撤収してもうない、と。

昭和の森（公園）でも広大な敷地のなかを、ひとまず、**お花見広場**をめざしたけれど、すでにそこは**新緑の広場**。本気で焦ってくるオットと妻。45県コンプリート、達成**できないよ・か・ん。**

困り果てて、管理事務所に「まだ咲いている桜はありませんか？」と聞くと、外まで出て、1本の新緑の桜の木の下で「基本的にはもう終わっているんですけどね、こんなふうに1輪、2輪と、残っているのはあるんです」と、指さされた先に……**ありました！** よーく見ると本当にあっちに1輪、こっちに1輪と、花が残っているではありませんか！ 職員さん、すごいです！

とにかく、風が吹いて花びらが散ってしまわないあいだに写真ゲット！ ありがとうございました！

新緑が眩しい昭和の森

ふーっ。ギリギリセーフ

千葉駅前のお寿司やさんで、晩ごはんのお寿司と一緒に、千葉の名物、なめろうをいただきました！ 新鮮な魚をたたいて作ります。

ん？ なめろうが、心なしか桜の花びらに見えてくる……。

鯵（あじ）のなめろう

佐原の歴史地区と一体になっている

千葉でもう1カ所訪れたのは、佐原《さわら》という利根川水域で繁栄した小都市でした。小江戸とも呼ばれています。

佐原は、日本ではじめて実測にもとづく全国地図を作成した伊能忠敬のふるさとでもあり、伊能忠敬記念館があります。

全国を行脚《あんぎゃ》し、手作業の実測で作られた伊能の地図は、現代の測量技術で作成したものと重ねてもほぼ一致しており、その正確さに驚かされます。

伊能忠敬は、現役時代には家業の売上をそれまでの3倍に伸ばし、49歳で隠居すると、それから勉強をはじめて、55歳から17年間、日本全国を行脚して日本地図を作成したというのです。

1人の人間の「才能」と「情熱」に驚かされると同時に、なにかを始めるのに、いくつからでも遅くはない、となんだか励まされる気がした、オットと妻でした。

旅の情報

今回訪れた昭和の森（公園）は車中泊不可。伊能忠敬の出身地である佐原は、2022年に映画『大河への道』（中井貴一主演）の舞台となり注目されている。「飛行機と桜」の珍しい写真が撮れる成田市さくらの山公園や、房総半島の春を感じる小湊鉄道と桜と菜の花のコラボなども魅力的。この日の走行距離101・3㎞。

1県1サクラ　美の山公園「花の森」のバイゴジジュズカケザクラ

44県目

埼玉
Saitama

大いなる秩父の自然のめぐみに感謝！

「この道で、ホントにあってる？」

さっきから右へ左へと曲がる細い山道を、きゃん吉は器用に登り続けます（ちいさな車ですからこういうのは得意なんです）。カーナビを見ると、クネクネが連続しすぎて、一体どっちが進行方向なのか、見当がつきません……。

曲がりくねった坂道を30分ばかり走り続けて、ようやく山頂へと到着しました（どうやら反対側に広い道があったようです）。

美の山公園は、埼玉の秩父《ちちぶ》と皆野《みなの》町にまたがる標高581・5mの蓑山《みのやま》の山頂を整備した公園で、連山ではなく独立峰のため、360度、周囲がぐるりと見渡せます。4月の桜、5月のツツジ、6月のアジサイと連続的にお花見が楽しめる公園として有名です。桜の品種も多種にわたって管理されているため、この時期でも咲いている桜を見つけることができました。

オットと妻は、この旅ですっかり、遅咲き桜ハンターとしての腕を上げました！（笑）。まずは高度を上げる（山間部など標高の高い場所をめざす）こと、そこから、山頂ではなく（山頂は陽当たりが良すぎる）、すこしだけ谷あいになっている場所まで降りる、という法則です。

展望台にあがると、周囲の見晴らしが素晴らしい！ 武甲山と、羊山《ひつじやま》公園が一望できます。


さて、埼玉グルメですが、いろいろ調べたのですが、これという決定打がなく、悩みました。そんななか、道の駅「果樹公園あしがくぼ」で食べた、みそポテトと豚味噌丼がおいしかったので紹介。ここは、ずりあげうどん（釜あげうどんのような感じ？）でも有名なようです。

みそポテトは、ジャガイモの天ぷらに甘い味噌がよくマッチして、クセになるおいしさでした。昔、秩父地方で農作業の合間など、食事までの間に小腹が空いたときに食べられた、**小《こ》昼飯《ちゅうはん》**という地元のおやつメニューのひとつなんだとか。

この道の駅は、後ろが山、前が川で、自然いっぱいの素敵なところでしたが、雨が降りだしてきたので、今夜も車中泊はあきらめ、宿を探します。関東では、ふもとっぱら以外、ずっと宿泊《やどはく》が続いています。

さて、都市部編。埼玉で行ってみたいところといえば!? さ

みそポテト（1本 210 円）と豚味噌丼（870 円）

いたま新都心駅にある**「さいたまスーパーアリーナ」**！

よく名前を耳にしますが、どんなところなんでしょうかっ？

あふれる光と音楽！

熱狂と興奮に包まれる観客！

……って、それは、コンサートか何かのイベントをやっているときの話です。何もやってないときは、……ただの大きなアリーナでした（汗）（あたりまえ）

駅の反対側には大きなショッピングモール、コクーンシティがあり、お茶して休憩。

さて、オットと妻の桜の旅もいよいよあと首都・**東京を残すのみ**になりました！45県桜制覇は、成功するのでしょうか？

オットと妻は無事に旅を終えられるのでしょうか？

明日、いよいよ最終回！

旅の情報

昼間の人口流出が全国1位の、文字通り東京のベッドタウン。いっぽう県西部の秩父地域は山地や丘陵が多く、北部には農村地ののどかな風景も広がり、四季を感じられるお出かけスポットが多いのも埼玉の良さ。1000本の桜が咲く大宮公園や、映画『となりのトトロ』のモデルになった狭山湖の桜は見に行きたい。この日の走行距離123・8㎞。

1県1サクラ　山深い「東京檜原都民の森」へ向かう途中の山道で

45県目

東京
Tokyo

旅の終わりは、新しい旅の始まり！

45県の桜制覇をめざすオットと妻の旅、いよいよ**最後の1県**になりました！ ラストを飾るのは、**首都・東京**です！

……**えぇっ！**

東京といえば、地球温暖化、ヒートアイランド現象で、本州で一番早く桜が咲く、と言われている大都会。今回の企画でも本来なら、まず最初に東京へ行き、それから北九州へと移動したほうがよかった**かもな**場所です……それが最後で大丈夫なのでしょうか？

でも妻は今回はじめて知りました。東京には、八丈島や青ヶ島などの島嶼《とうしょ》部などに「村」が8つもあり、本州にもたった1つ、**檜原《ひのはら》村**という**村**があることを。そしてその背後に**標高1000m**を超える**高い山**があるということを……。

着きました。村域の93%が林野だという檜原村です。

そして、村役場からさらに山道を約30分。こんな山深いところが東京都だとは信じられません。「東京檜原都民の森」に着くと、周辺には、5月になんとまだ桜が咲いていました。

駐車場から山の散策拠点となる森林館までは徒歩10分、無料の送迎車もあります。ちょっと驚いたのは、平日にもかかわらずけっこう多くの人がここを訪れていることです。ハイキングのほかにも定期的に開催されている自然教室や、キーホルダー作りや丸太切り、クライミングウォールの体験もできて、いろいろな楽しみ方があるようです。

あらためて、東京って、すごく奥が深いと思いました。

帰りは、奥多摩から埼玉秩父へ抜ける道へ。奥多摩湖周辺にも霧の中、桜がたくさん咲いていました。

さて都市部へ。旅の最後は、東京駅八重《やえ》洲口《すぐち》近くの駐車場に車を停めて、地下鉄で浅草へ出かけて、もんじゃ焼きを食べました。

もんじゃ焼きは、昔は月島、佃島あたりでのみ食べられる駄菓子のようなものだと思っていましたが、すっかり全国区のグル

明太子もちもんじゃ

スカイツリーが見える。前ページ写真との落差がすごい（浅草・浅草寺近くから撮影）

メになりましたね。おいしかったです！

今回の旅に出発したのは3月22日。鹿児島から始まった本州45県の桜制覇をめざす旅は、例年より開花時期が〝早くて短い〟今年の桜に翻弄され、コースを変更したり、ルールを変えたりしながら、なんとか42日間をかけて45県すべてで桜の写真を撮り、グルメを食べ、目標を達成することができました！

こうすればよかった、あそこも行きたかった、あれも食べたかった、と思うこともありますが、旅は人生と同じで1回きり！一期一会《いちごいちえ》です！きゃん吉で日本列島を桜前線とともに駆け抜けたことは、かけがえのない思い出です。

すでに次の計画をもくろみつつ、このあとは東名高速道路のEXPASA足柄《あしがら》で最後の仮眠をとって、京都の自宅へ帰ります。家に着くまでが旅！最後まで安全運転に努めます!!

旅の情報

都心部を観光する場合、車は東京駅や品川駅などの駅近くの駐車場に停めるのがよさそう。東京ではそれぞれのジャンルの一流グルメが集まっているが、江戸前鮨チャレンジなどはありかも。桜は隅田公園や上野公園等の定番スポットのほか、スカイツリー周辺や東京ミッドタウン、隅田川クルーズで川からのお花見も一興。この日の走行距離133㎞。

第6回

フーフ会議　旅を終えて改めて考える、理想のルートの件について（最後の夜 in EXPASA 足柄）

「45 都府県の桜旅、無事コンプリート！」

「おつかれさまでした！イエーイ！」

（乾杯！）

「無事故無違反、２人とも元気に旅を終えられて、ほんとによかった」

「きゃん吉もよくがんばった！ 東北をベストシーズンで終えて、名古屋港に着いたとたん初夏の暖かさを感じたときは、どうなることやらと思ったけど、なんとかギリギリ、すべての県で１県１桜をハントすることができたね」

「千葉があぶなかったね。あと１日遅かったらアウトだったかも」

「まさに最後の１輪！」

「よくぞ咲いていてくれた！（嬉）それに結局、予定していたルートからずいぶん変更したよね」

「今回は鹿児島からスタートしたけど、この体験をふまえて、理想的な桜旅日本一周のコースを考えるとしたら、どうする？」

「うーん、やっぱり関東から先にまわるべきかな」

「そうだよね。日本列島で最初に桜が咲くのは九州じゃなくて関東だったんだよね。南から先に咲くと思い込んでた……」

「まず、京都から高速で一気に東京まで行って、首都圏を攻略して、横須賀港から新門司港へのフェリーに乗り、北九州から南下して九州を一周。それから本州へ」

「そうすると青森・弘前公園の見事な桜がファイナルになるから、アゲアゲで盛り上がるかもね」

「生涯現役世代の桜コンプリートのコツは、体力を温存できるフェリーをどううまく使うか、だね」

「これ以降、行かれる方、どうぞ参考にしてください！ さて、今夜過ごしている東名高速道路の EXPASA 足柄は、足湯カフェや朝まで営業している入浴施設もあってゆっくりできる SA。しっかり休んで、最後までがんばっぺー」

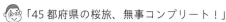

理想の旅のルート

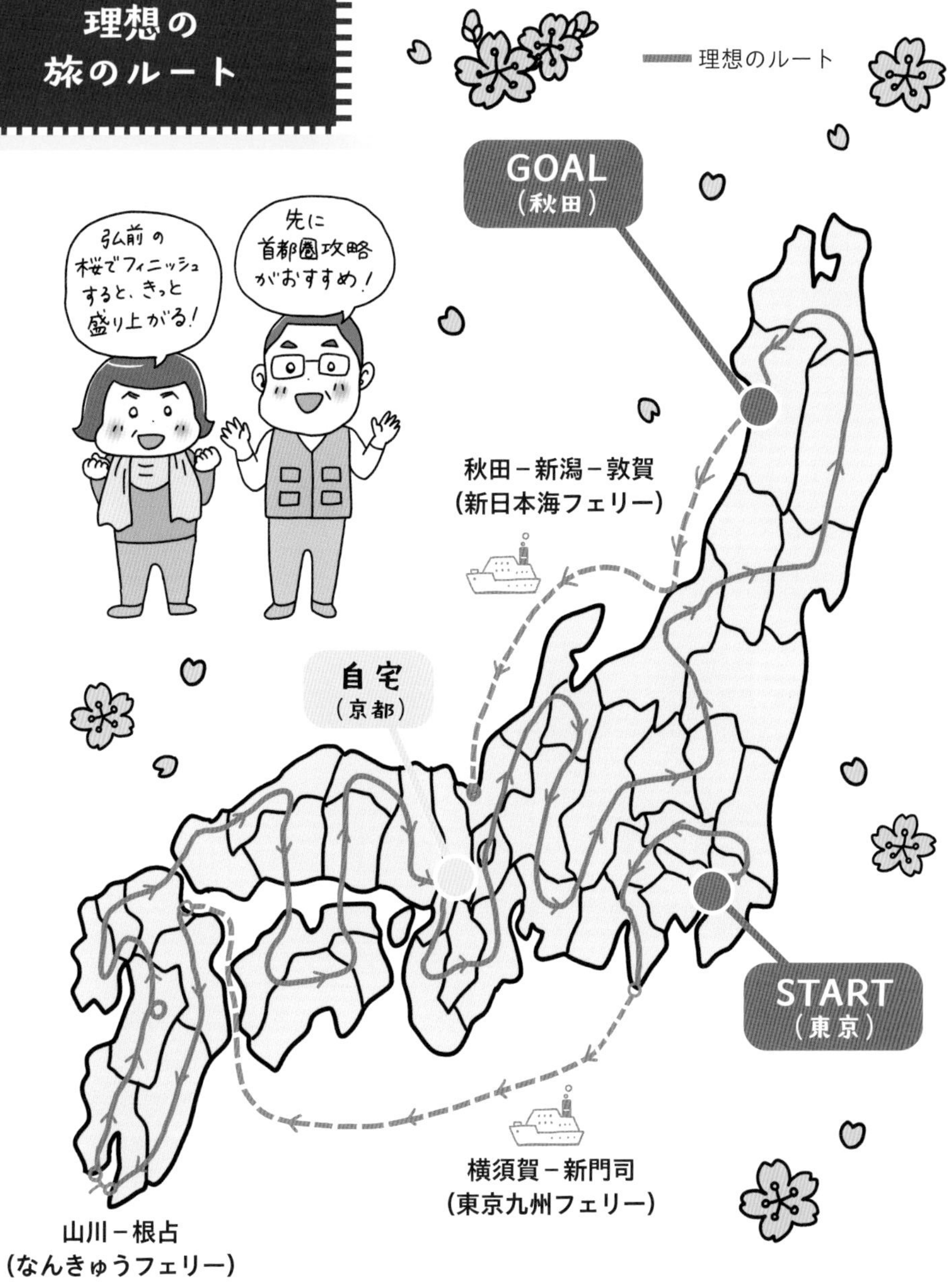
理想のルート
GOAL
（秋田）
弘前の桜でフィニッシュすると、きっと盛り上がる！
先に首都圏攻略がおすすめ！
秋田－新潟－敦賀
（新日本海フェリー）
自宅
（京都）
START
（東京）
横須賀－新門司
（東京九州フェリー）
山川－根占
（なんきゅうフェリー）

勝手にランキング

過ごしやすかった車中泊場所

経験値の低い我々が言うのもナンですが、今回の旅の経験から……。

1 ふもとっぱらキャンプ場
(静岡)

ここに行きたいがために旅を計画したようなものと言っても過言ではない、車中泊トラベラーにとっての聖地！ 目の前に富士山ドーン！ 一度は車中泊したい、あこがれの場所でした！

2 あいおい白龍城《ペーロンじょう》
(兵庫)

目の前が海、建物も変わっており、海産品も販売しています。レストランは21時まで、さらに道を挟んで向かいに和食さと、マクドナルドあり。ペーロン温泉22時まで。

3 ごいせ仁摩《にま》
(島根)

新しくオープンした道の駅で、トイレ休憩棟は24時間点灯、施設がきれい。入浴施設はなし。銀山に近し。

※道の駅は入浴施設との併設、遅くまでオープンしている飲食店があるところが狙い目です。ただし、あくまで道の駅は宿泊目的ではなく、安全運転のための「休憩·仮眠」ができる施設。マナーを守って利用しましょう。

そして、
次の野望……

旅はまだ終わらないぃ！

by 地球へ途中下車夫婦

これまでに、１年をかけてバックパッカーでの世界一周や、セブ島に語学留学などを夫婦で経験してきたオットと妻ですが、日本一周したのは今回がはじめてでした。日本一周、楽しかった～！ 車中泊、おもしろかった～！（疲れた～！）

これからも、日本国内の旅はもちろん、世界一周（２回目・今度は船旅！）、１年の半分（３カ月×２回）を海外で生活しよう！ など、低コストで高パフォーマンスな旅のアイデア、誰でも楽しめるユニークな企画を実行していく予定です。

人生は、いつでも旅の途中の、地球へ途中下車！

見たことのない景色、やったことのない体験を求めて！

Life must go on ！

これからも、まだまだ、人生（旅）は続いていきます！

地球へ途中下車夫婦

2011 年～ 2012 年の 1 年間、バックパッカーで世界一周。
2018 年には 3 カ月間、セブ島へ語学留学。
現在までに訪れた地球の国と地域は 62 カ国。夫婦共通の趣味は、旅・グルメ・温泉。
「地球へ途中下車　中高年夫婦の世界一周ブログ」（https://ameblo.jp/book-myn/）は中高年向け旅情報としてあちこちで紹介される人気ブログ。

根津眞澄（妻）

1950 年代生まれ。大学卒業後、学童保育所指導員 13 年間、フリーライターを経て、2000 年からオットと共に京都でブックマインを経営。ライター・エディター歴 20 年以上。O 型。共著に『雨の日をもっと楽しむ』『たのしい伝承遊び 2 ケンパ、おにごっこ、かまぼこおとし』がある。

根津泰忠（オット）

1950 年代生まれ。高専卒業後、某企業で電子機器の開発を担当、元エンジニア。A 型。

イラスト：赤松かおり

漫画家・イラストレーター。コルクラボマンガ専科 5 期修了。見た人がホッとするような漫画・イラストを描くため日々修行中。体がかたくて胃腸が弱い。共著に『すごい自然体に読むだけでなれる 4 コママンガ』（飛鳥新社）がある。
Instagram　@akamatsu_kaori

車中泊《しゃちゅうはく》で桜《さくら》と日本一周《にほんいっしゅう》

2023 年 2 月 23 日　初版第 1 刷発行

著　根津眞澄《ねづますみ》（妻《つま》）＋オット
イラスト　赤松 かおり
発 行 者　浦谷 さおり
発 行 所　株式会社 金木犀舎
〒 670-0922 兵庫県姫路市二階町 80 番地
TEL 079-229-3457 ／ FAX 079-229-3458
https://kinmokuseibooks.com/

印刷・製本　シナノ書籍印刷株式会社

ISBN 978-4-909095-34-3　C0095

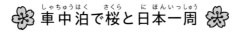